AF300107

CATALOGUE

DES LIVRES,

DE

LA BIBLIOTHÉQUE

DE M. D. R.

Dont la VENTE commencera le Lundi 15 Mars 1779, & continuera les jours suivans, depuis trois heures de relevée jusqu'au soir, dans une des Salles des RR. PP. Minimes de la Place Royale.

A PARIS,

Chez BARROIS l'Aîné, Libraire, Quai des Augustins.

Et chez Me SAUTAN, Huissier, Commissaire-Priseur, rue neuve Sainte Catherine, près la Place Royale.

____

M. DCC. LXXIX.

La *VENTE* des *Livres* de M. D. R.
commencera le *Lundi* 15 *Mars* 1779, &
continuera les jours suivans, depuis trois
heures de relevée jusqu'au soir, dans une
des Salles des RR. PP. Minimes de la
Place Royale.

LES LIVRES

Seront exposés dans l'ordre qui suit.

Lundi 15.

Théologie,	1 — 21.
Jurisprudence.	103 — 310.
Sciences & Arts,	451 — 465.
Belles Lettres,	667 — 708.
Histoire,	1263 — 1285.

Mardi 16.

Théologie,	22 — 43.
Jurisprudence,	311 — 319.
Sciences & Arts,	466 — 481.
Belles Lettres,	709 — 751.
Histoire,	1286 — 1307.

Mercredi 17.

Théologie,	44 — 65.
Jurisprudence,	320 — 329.
Sciences & Arts,	482 — 497.
Belles Lettres,	752 — 794.
Histoire,	1308 — 1329.

Jeudi 18.

Théologie,	66 — 88.
Jurisprudence,	330 — 338.
Sciences & Arts,	498 — 515.
Belles Lettres,	795 — 838.
Histoire,	1330 — 1351.

Vendredi 19.

Théologie,	89 — 111.
Jurisprudence,	339 — 348.
Sciences & Arts,	516 — 532.
Belles Lettres,	839 — 882.
Histoire,	1352 — 1373.

Samedi 20.

Théologie,	112 — 135.
Jurisprudence,	349 — 360.
Sciences & Arts,	533 — 549.
Belles Lettres,	883 — 928.
Histoire,	1374 — 1395.

Lundi 22.

Théologie,	136 — 158.
Jurifprudence,	361 — 370.
Sciences & Arts,	550 — 567.
Belles Lettres,	929 — 973.
Hiftoire,	1396 — 1417.

Mardi 23.

Théologie,	159 — 182.
Jurifprudence,	371 — 381.
Sciences & Arts,	568 — 584.
Belles Lettres,	974 — 1018.
Hiftoire,	1418 — 1441.

Mercredi 24.

Théologie,	183 — 205.
Jurifprudence,	382 — 392.
Sciences & Arts,	585 — 600.
Belles Lettres,	1019 — 1053.
Hiftoire,	1442 — 1463.

Vendredi 26.

Théologie,	206 — 228.
Jurifprudence,	393 — 402.
Sciences & Arts,	601 — 615.
Belles Lettres,	1054 — 1098.
Hiftoire,	1464 — 1485.

Samedi 27.

Théologie,	229 — 255.
Jurifprudence,	403 — 412.
Sciences & Arts,	616 — 632.
Belles Lettres,	1099 — 1142.
Hiftoire,	1486 — 1506.

Lundi 29.

Théologie,	253 — 275.
Jurifprudence,	413 — 426.
Sciences & Arts,	633 — 648.
Belles Lettres,	1143 — 1184.
Hiftoire,	1507 — 1522.

Mardi 30.

Théologie,	276 — 294.
Jurifprudence,	427 — 440.
Sciences & Arts,	649 — 666.
Belles Lettres,	1185 — 1226.
Hiftoire,	1523 — 1537.

Mercredi 31.

Théologie,	295 — 302.
Jurifprudence,	441 — 450.
Belles Lettres,	1227 — 1262.
Hiftoire,	1538 — 1544.

De l'Imprimerie de la Veuve Hérissant, rue N. N. D.
à la Croix d'or. 1779.

CATALOGUE
DES LIVRES
DE
LA BIBLIOTHÉQUE
DE M. D. R.

THEOLOGIE.

Ecriture Sainte.

1. Biblia Hebraica, 2 *vol. in-16.*
2. Biblia Sacra, ex editione Fran. Vatabli. *Lutetiæ. Rob. Stephanus. 1545. 2 vol. in-8.*
3. Biblia Sacra, ex interpretatione & cum annotationibus Franc. Vatabli. *Oliva Rob. Stephani. 1557. 3 vol. in-fol.*
4. Biblia Sacra, *Antuerpiæ Plantin. 1587. in 8.*
5. Biblia Sacra, *Romæ è Typographia Vaticana. 1598. in-8.*
6. Biblia Sacra. *Par. Ant. Vitré, 1662. in-fol. m. r.*
7. Biblia Sacra. *Par. Vitré. 1666. in-4. m. n.*
8. Biblia Sacra, cum notis J. B. du Hamel. *Parif. 1706. in-fol.*
9. Bible Gothique. *in-8.*
10. Sainte Bible, trad. avec des notes, par de Sacy. *Paris, 1717, 3 vol. in-fol.*

A

11. Sainte Bible, trad. par Samuel & Henry Desmarets. *Amst. Elzevir*, 1669, 2 *vol. in-folio. g. p.*
12. La Sancta Biblia in lingua Italiana. *Coloniæ*, 1712, *in-fol.*
13. Il Genesi di Pietro Aretino. 1545. *in-8.*
14. Samuel Hebraicè & Lat. *Lugd. Bat.* 1521, *in-12.*
15. Psalmi Hebraicè. *Paris.* 1743, *in-16.*
16. Liber Psalmorum, Arab. & Lat. *Romæ*, 1614, *in-4.*
17. Pseautier de David, trad. avec des notes tirées de S. Augustin. *Paris*, 1676, *in-12.*
18. Proverbia Salomonis, Job, Hebr. *Paris. Steph. in-16.*
19. Hist. Passionis D. N. J. C. Siriacè, cum interlineari versione, ed. Jona Hambræo *Paris. Vitay*, 1635, *in-16.*
20. Vulgata antiqua Lat. & Itala Versio Evangelii sec. Matthæum, studio Martianay. *Paris.* 1695, *in-12.*
21. Recueil pour & contre la trad. du Nouveau Testament, imprimée à Mons, 1680, 6 *vol. in-12.*
22. Nouveau Testament, trad. par R. Simon. *Trevoux*, 1702, 2 *vol. in-8.*
23. Instructions de Bossuet sur la version de R. Simon. *Paris*, 1702, 2 *vol. in-12.*
24. Rainoldi Censura librorum apocryphorum, 1611, 2 *vol. in-4.*
25. Arnaldi Historia & Concordia Evangelica. *Paris.* 1653, *in-12.*
26. Eadem. *Paris.* 1660, *in-12.*
27. La même trad. *Paris.* 1669, *in-12.*
28. Andr. Osiandri Harmonia Evangelica. *Lut. Rob. Steph.* 1545, *in-16.*
29. Car. Molinæi Collatio & Unio quatuor Evangelistarum. 1565, *in 4.*
30. De Zamora Concordantiæ Sacrorum Bibliorum. *Romæ*, 1627, *in-fol.*
31. Figure del Vecchio Testamento. *Ven. Bevilacqua*, 1574, *in 8.*
32. Histoire de la Bible, trad. par Comestor, mss. sur velin avec miniatures, *in-fol. m. r.*
33. Dictionnaire Historique de la Bible, par Calmet. *Paris*, 1722, 2 *vol. in-fol.*
34. Fontes Biblici, divinæ humanæque scientiæ. *Bambergæ*, 1698, *in 12.*
35. Jo. Mar. Velmatii, Veteris & novi Testamenti Opus singulare, ac plane divinum. *Ven.* 1538, *in-4.*

36. Menochii Commentaria in Sacram Scripturam. *Antuer-piæ*, 1679, *in-fol.*

37. Cornelii Janfenii Pentateuchus, *Parif.* 1649, *in-4.*

38. Commentaire littéral & moral fur la Genèfe. *Paris*, 1680, *in-8.*

39. Sette Spofitioni di Pico de la Mirandola, fopra i fei giorni del Genefi. *Pefcia*, 1555, *in-4.*

40. Andreæ Mafii Hiftoria Jofuæ. *Antuerpiæ*, 1574, *in-fol.*

41. Maldonati Commentarii in Prophetas. *Parif.* 1610, *in-4.*

42. Knatehbull Animadverfiones in libros novi Teftamenti. *Oxoniæ*, 1677, *in-8.*

43. Janfenius, in Evangelia. *Parif.* 1649, *in-4.*

44. De Veil Explicatio litteralis Evangelii fec. Mathæum & Marcum. *Londini*, 1678, *in-8.*

45. Paraboles de l'Evangile, par Furetiere. *Paris*, 1687, *in-12.*

46. Ber. à Piconio Expofitio Epiftolarum Pauli. *Parif.* 1703, *in fol.*

47. Commentatio ad loca quædam novi Teftamenti, quæ de Anti-Chrifto agunt, aut agere putantur. *Amft.* 1640, *in-12.*

48. Hiftoire critique du vieux & du nouveau Teftament, par R. Simon, *Rotterdam*, 1685, *in-4.* 6 vol.

49. Sentimens de quelques Théologiens de Hollande, par le Clerc. *Amft.* 1685, 2 vol. *in-8.*

50. Maii Examen Hiftoriæ criticæ textûs novi Teftamenti. *Gieffæ*, 1694, *in-4.*

51. Ifaaci Voffii Liber variarum obfervationum. *Londini*, 1685, *in-4.*

52. R. Simonis Difquifitiones criticæ de variis Bibliorum Editionibus. *Londini*, 1684, *in-4.*

53. Traité de la lecture de l'Ecriture Sainte, par l'Evêque de Caftorie. *Cologne*, 1680, *in-8.*

54. Traité de la lecture de l'Ecriture Sainte, par Mallet. *Rouen*, 1679, *in-12.*

55. Défenfe des Verfions de l'Ecriture Sainte. *Cologne*, 1688, *in-12.*

56. Magrii Contradictiones apparentes Sacræ Scripturæ. *Lugd.* 1678, *in 16*

57. Ferdin. de Sancta Cruz Anthologia S. Scripturæ. *Lugduni*, 1683, *in-fol.*

58. James Bellum Papale, Sixti V, & Clementis VIII, Circa hieronymianam editionem. *Lond.* 1600, *in-4.*

59. Joh. Buxtorfii Sinagoga Judaica. *Bafileæ*, 1661, *in-8.*

A

(4)

60. Relandi Antiquitates Sacræ veterum Hebræorum. *Traj.* 1708, *in-8.*

61. La Republique des Hébreux. *Amst.* 1705. 3 *vol. in-8. fig.*

62. Lamy de Tabernaculo Fœderis. *Paris.* 1720, *in-fol.*

63. Cérémonies & Coutumes des Juifs, par de Simonville. *Paris,* 1681, *in-12.*

64. R. Mosis Maimonidis Porta Mosis Ed. Pocockio. *Oxoniæ,* 1655, *in-4.*

65. Mare Rabbinicum infidum. *Parif.* 1667 *in-12.*

66. Kabbala denudata. *Sulzbaci,* 1677. 2 *vol. in-4.*

67. Jo. Morini Opuscula Hebræo Samaritana. *Parif.* 1657. *in-12.*

Liturgies, Conciles, SS. Peres.

68. Pearson Historia Symboli Apostolici. *Lipsiæ,* 1706; *in-8.*

69. Martene de antiquis Ecclefiæ Ritibus. *Rotomagi,* 1700, 3 *vol. in 4.*

70. Mabillon de Liturgia Gallicana. *Lutetiæ,* 1685. *in·4.*

71. Sanrey Paracletus, feu de recta illius nominis pronuntiatione Tractatus. *Parif.* 1643, *in-8.*

72. Claudii Joly Differtatio de verbis Ufuardi. *Senonis,* 1669, 2 *vol. in-12.*

73. Rituel d'Alet. *Paris,* 1667, *in-4.*

74. Traité de l'ancienne Coutume de prier & d'adorer debout. *Delft,* 1700. 2 *vol. in-12.*

75. Traité Historique de la Liturgie Sacrée, par Bocquillot. *Paris,* 1701, *in-8.*

76. Lettre fur l'Ancienne Discipline de l'Eglise, touchant la célébration de la Meffe, par Dupin. *Paris,* 1708, *in-12.*

77. Boileau Difquifitio Historica de re veftiaria Hominis Sacri. *Amst.* 1704, *in-12.*

78. Heures manufcrites, fur velin. *in-24.*

79. Breviarium Romanum. *Parif.* 1698, 4 *vol. in-12.*

80. Miffale Parifienfe. *Parif.* 1706, *in-fol.*

81. Miffel de Paris, Latin. *Paris,* 1738, 4 *vol. in-12. m. r.*

82. Pfeautier diftribué. *Paris,* 1736, *in-12.*

83. Office de la Quinzaine de Pâques. *Paris,* 1737, *in-12.*

84. Office du Saint Sacrement *Paris,* 1661, 2 *vol. in-8.*

85. Offices de Saint Euftache. *Paris,* 1740, *in-12. m. n.*

86. Richerii Hift. Conciliorum Generalium. *Col.* 1683, 2 *vol. in-4.*

87. A Carranza Summa Conciliorum. *Parif.* 1564, *in-16.*

88. Beveregii Pandectæ Canonum gr. lat. *Oxonii,* 1672. 2 *vol. in-fol.*

89. Philippi Labbei & Gabr. Cossartii nova Collectio Conciliorum. *Lut.* 1671 , 18 *vol. in-fol.*

90. A Schelstrate Dissertatio de Disciplina Arcani. *Romæ,* 1685, *in-4.*

91. Concile de Trente, trad. par Chanut. *in-12.*

92. Revision du Concile de Trente. *Geneve* , 1600, *in-8.*

93. Notes sur le Concile de Trente. *Cologne* , 1706, *in-8.*

94. Instructions & Lettres, concernant le Concile de Trente, par Dupuy. *Paris* , 1654 , *in-4.*

95. Lettres & Mémoires de Vargas. *Amst.* 1700 , *in-8.*

96. Actes & Décrets du II Concile d'Utrecht en 1763, & Piéces sur le Clergé d'Utrecht. *Utrecht* , 1766, 4 *vol. in-12.*

97. Sinodes Nationaux des Eglises réformées de France , par Aymon. *La Haye* , 1710 , 2 *vol. in-4. g. p.*

98. Origenis Opera, ex edit. Genebrardi. *Paris.* 1619, *in-fol.*

99. L'Octavius de Minutius Felix , trad. par d'Ablancourt. *Paris* , 1664 , *in-12.*

100. Arnobii Disputationes adversùs gentes , ed. Heraldo. *Paris.* 1605 , 2 *vol. in-8.*

101. Eædem , *Lugd. Bat.* 1651 , *in-4.*

102. Sancti Optati Opera. ed. Balduino. *Paris.* 1569 , *in-8.*

103. Areopagitica , seu Opuscula quædam de S. Dionysio. *Col.* 1563 , 2 *vol. in-8.*

104. Joan. Clerici Quæstiones Hyeronimianæ. *Amst.* 1700, *in-12.*

105. D. Paulini Opera. *Antuerpiæ* , 1622 , *in-8.*

106. Eadem. *Paris.* 1685 , *in-4.*

107. Sancti Augustini Confessiones. *Antuerpiæ* , 1650 , *in-8.*

108. Les mêmes trad. par du Bois. *Paris,* 1686 , *in-8.*

109. Recueil de Piéces, au sujet de l'éd. de S. Augustin, donnée par les Bénédictins. *Paris* , 9 *vol. in-12.*

110. Defensio Sancti Augustini adv. Joannis Phereponi in ejus Opera Animadversiones. *Cantabrigiæ,* 1707. *in-8.*

111. Sancti Fulgentii Opera. *Paris.* 1684. *in-4.*

112. Cassiodori Opera. *Paris.* 1600. *in-8.*

113. Anastasii Sinaitæ Opuscula varia gr. lat. ex edit. Jacobi Gretseri. *Ingolstadii* , 1606 , 2 *vol. in-4.*

114. Ejusdem Anagogicarum Contemplationum Libri. *Londini* , 1682 , *in-4.*

115. Joh. Bapt. Cotelerii, Monumenta Ecclesiæ Græcæ. *Lut. Par.* 1677 , 1692 , 4 *vol. in-4.*

116. Muratorii Anecdota ex Ambrosianæ Bibliothecæ Codicibus. *Mediolani* , 1697 , 3 *vol. in-4.*

117. Ed. Martene, & Urf. Durand, Thefaurus Novus Anecdotorum. *Parif.* 1717, 5 *vol. in-fol.*

118. Baluzii Mifcellanea. *Parif.* 1678, 7 *vol. in-8. m. r.*

119. Philippi Labbe Nova Bibliotheca, mff. librorum. *Parif.* 1657, 2 *vol. in-fol.*

120. Jo. Mabillon Mufeum Italicum. *Parif.* 1687, 2 *vol. in-4.*

121. Bern. de Montfaucon Diarium Italicum. *Parif.* 1702, *in-4.*

122. Codex Regularum quas SS. Patres Monachis fervandas præfcripfere, ed. Holstenio. *Romæ*, 1661, *in-4.*

THEOLOGIENS.

123. R. R. C. de Capite fontium Tractatus de neceffaria Correctione Theologiæ Scholasticæ. *Parif.* 1586 *in-8. m. r.*

124. F. Antonini Opufcula Theologica feu Summula. 1484. *in-4.*

125. Thomæ Hibernici Flores omnium Doctorum. *Lugduni*, 1678, 2 *vol. in-12.*

126. Melchioris Cani Opera. *Parif.* 1678, *in-8.*

127. Petri Pickerelli Opufcula Theologica. *Lugd. Bat. Elzev.* 1629, *in-12.*

128. Nicolai de Clemangis Opera. *Lugd. Bat.* 1613, *in-4.*

129. Pet. Morini Opufcula, ed. Quetif. *Parif.* 1675, *in-12.*

130. Joannis Launoü Opera. *Parif.* 1670, 33 *vol. in-8.*

131. Diverforum Autorum Tractatus varii adverfùs Launoium. *Parif.* 31 *vol. in-8.*

132. Grotii & aliorum Opufcula varia Theologica, *Amft.* 1640, 10 *vol. in-8.*

133. Gafp. Juenin Inftitutiones Theologicæ. *Lugd.* 1704. 6 *vol. in-12.*

134. Altération du Dogme Theologique par la Philofophie d'Ariftote, par Faydit. *Parif.* 1696, *in-12.*

135. Refut. du *Syftême* de Faydit, fur la Trinité. *Luxemb.* 1699, *in-12.*

136. Vincentii de Bandelis Tractatus de fingulari puritate & & prærogativa Conceptionis Salvatoris noftri J. C. *Ad exemplar impreffum Bononiæ*, 1481, *in-12.*

137. Miracles de Notre-Dame. *Paris, Alain Lotrian, in-4. goth. m. b.*

138. Chrift. de Capite fontium Defenfio Catholica perpetuæ Mariæ Virginis ac Jofeph Sponfi ejus, Virginitatis. *Lugduni*, 1578, *in-8.*

139. Traité de la Prémotion Phifique. *Lille*, 1713, 2 *vol.* *in-4.*

140. Enchiridion falutis operandæ per gratiam Chrifti, 1700, *in-8.*

141. Tradition de l'Eglife Romaine , fur la Prédeftination & fur la Grace, par Germain. *Col.* 1687, 3 *vol. in-12.*

142. Serry Schola Thomiftica vindicata. *Col.* 1706, *in-8.*

143. Defenfio Arnaldina. *Antuerpiæ* , 1700, 2 *vol. in-12.*

144. Caufa Arnaldina. *Leodici* , 1699. *in-8.*

145. Juftification d'Arnauld. *Liége* , 1702, 3 *vol. in-12.*

146. Sfondrati Nodus Prædeftinationis diffolutus. *Col.* 1698, *in-8.*

147. De Lemos Acta Congregationum de Auxiliis. *Lovanii*, 1702 , *in-fol.*

148. Serry Hift. Congreg. de Auxiliis. *Antuerpiæ* , 1700, *in-fol.*

149. Theod. Eleutherii Hiftoria Controverfiarum de Auxiliis. *Antuerpiæ* , 1705 , *in-fol.*

150. Recueil pour & contre l'Hiftoire des Congrégations *de Auxiliis*. 12 *vol. in-12.*

151. Démonftration de la Vérité & de la Sainteté de la Morale Chrétienne, par Lamy. *Rouen* , 1709, 4 *vol. in-12.*

152. Eclairciffements fur plufieurs points importants de la Morale de J. C. *Paris* , 1697, *in-12.*

153. La Morale des Jéfuites , par Perrault. *Mons* , 1667 , *in-4.*

154. Morale Pratique des Jéfuites. *Nancy* , 1734, 8 *vol. in-12.*

155. Nouvelle héréfie dans la Morale. *Cologne* , 1690 , 2 *vol. in-12.*

156. Lettres fur le péché imaginaire. 1736 , *in-12.*

157. Les Provinciales , par Pafcal. *Cologne* , 1659 , 2 *vol. in-8.*

158. Les mêmes. *Cologne* , 1685 , *in-12.*

159. Ludovici Montaltii Litteræ Provinciales. *Col.* 1679 , *in-8.*

160. Stubrockii Notæ in Notas Wendrockii. *Coloniæ* , 1659, *in-8.*

161. Réponfe aux Provinciales. *Liége* , 1657 ; *in-12.*

162. La Réalité du Projet de Bourg-Fontaine, démontrée par l'exécution. *Paris* , 2 *vol. in-12.*

163. La Vérité & l'Innocence victorieufes de l'Erreur & de

la Calomnie sur la Réalité du Projet de Bourg-Fontaine.
Col. 1758, 2 *vol. in-*12.

164. Recueil Historique des Bulles, Constitutions & autres
Actes concernant les erreurs des deux derniers siécles. *Mons,*
1704, *in-*8.

165. Journal de Saint Amour. 1662, *in-fol.*

166. Histoire des cinq Propositions. *Liége*, 1699, *in-*12.

167. La même augmentée. *Trevoux*, 1702, 3 *vol. in-*12.

168. Paix de Clément IX. *Chambery*, 1700, 3 *vol. in-*12.

169. Enluminures de l'Almanach des Jésuites. *Liége*, 1733,
*in-*12.

170. Recueil de Piéces sur l'ancien Janfenifme. 6 *vol. in-*4. &
*in-*12,

171. Histoire abrégée du Janfenifme. *Col.* 1698, *in-*8.

172. Histoire du Janfenifme, par Gerberon. *Amft.* 1700,
3 *vol. in-*12.

173. Anecdotes ou Mémoires fecrets, sur la Conftitution *Uni-
genitus.* 1730, 3 *vol. in-*12.

174. Journal de Dorfane. *Rome*, 1752, 6 *vol. in-*12.

175. Recueil de Piéces pour & contre la Conftitution *Unige-
nitus.* 25 *vol. in-*12.

176. Recueil de Piéces concernant le Cas de confcience,
3 *vol. in-*12.

177. Recueil de Piéces fur les refus de Sacremens. 20 *vol.
in-*12.

178. Traité Théologique fur l'Autorité & Infaillibilité des
Papes, par Petitdidier. *Luxemb.* 1724, *in-*12.

179. Traité de la Dévotion à la Sainte Vierge, par Baillet.
Paris, 1693, *in-*12.

180. Mabillon Epiftola de Cultu Sanctorum ignotorum.
Paris, 1705, *in-*12.

181. Traduction de la même. *Paris*, 1698, *in-*12.

182. Traités finguliers contre le Paganifme du Roi-boit, par
Jean des Lions. *Parif.* 1670, *in-*12.

183. Conformité des cérémonies Chinoifes avec l'Idolâtrie
Grecque. *Col.* 1700, *in-*12.

184. Difcours fur le Jubilé, *in-*12.

185. Traité de la pratique des billets entre les Négociants.
Mons, 1684, *in-*12.

186. Comitoli Refponfa moralia. *Rothomagi*, 1709, *in-*4.

187. Textus Sacramentorum cum commento *Ludg.* 1505.
*in-*4.

188.

188. Opstraet Locus Concilii Tridentini & Doctrina de laboriofo Baptifmo. *Leodii* , 1697. *in-12.*

189. Launoii, Tractatus de Sacramento pænitentiæ. *mff. in-4.*

190. Azpilcueta Manuale Confeffariorum. *Parif.* 1620. *in-8.*

191. Boileau Hift. Confeffionis auricularis. *Lut. Parif.* 1684. *in-8.*

192. Joan. Morini. Opera pofthuma. *Parif.* 1703 , *in-4.*

193. Traité de la conduite des ames. *Paris* , 1695 , *in-12.*

194. De la fréquente Communion & Tradition de l'Eglife , par Arnauld. *Paris* , 1644, 2 *vol. in-4.*

195. Boileau de Adoratione Euchariftiæ. *Lutetiæ* , 1685 , *in-8.*

196. Toleti Summa Cafuum confcientiæ. *Coloniæ* , 1629 , *in-4.*

197. Summula Cafuum confcientiæ. *Parif.* 1652 , *in-16.*

198. Réfolutions de Cas de confcience , par de Sainte-Beuve. *Parif.* 1689 , 3 *vol. in-4.*

199. Catéchifmus Hebr. *in-8.*

200. Catéchifme du Concile de Trente , trad. par Chanut. *Paris* , 1673, *in-12.*

201. Catéchifme de Montpellier. *Paris* , 1715 , 2 *vol. in-12.*

202. Catéchifme de Heidelberg. *Londres* , 1720. *in-8.*

203. Prediche di Savonarola. 1544. *in-8.*

204. Sermones Dominicales Joann. Quintini. *Parif.* 1519. *in-8.*

205. Novum Opus Sermonum Oliverii Maillardi. *in-8. m. b.*

206. Sermones Quadragefimales Mich. Menoti. *Parif.* 1530, *in-8. m. r.*

207. Sermones Quadragefimales Joannis Cleric. 1530. *in-8.*

208. Sermones Armandi de Bellovifu. 1525 , *in-4.*

209. Sermones Michaelis de Hungaria. *in-8.*

210. Sermones Dormi Secure. *Parif.* 1550. *in-4. m. c.*

211. Thirty Four Sermons of Dr. Martin Luther. *Dublin,* 1747 , *in-12.*

212. Prediche di Serafino da Piagenza. —— Il Catechifmo di Bernardino Ochino. *Bafilea,* 1561 , *in-8.*

213. Sermons de B. Occhin. 1561 , *in-8.*

214. Funerailles de Sodome & de fes filles , décrites en 20. Sermons , par le Maçon. *Londres* , 1600. *in-8.*

215. A Kempis de Imitatione Chrifti. *Antuerpiæ* , 1671 , *in-12. m. r.*

B

216. Œuvres de Sainte Thérese, trad. par Arnauld d'An-
dilly. *Paris.*, 1676, *in-4.*

217. Tutte l'Opere del P . F . Luigi di Granata. *Ven.* 1589,
in-12.

218. Epîtres Spirituelles de S. François de Sales. *Paris,* 1637,
in-8.

219. Savonarolæ Triumphus Crucis. *Parif.* 1662 , *in-12.*

220. Les Saintes Voies de la Croix, par Boudon. *Paris,*
1716 , *in-12.*

221. Hermanni Hugonis, Pia Defideria. *Antuerpiæ* , 1624 ,
in-12.

221. Les mêmes. *fig. in-8. m. v.*

223. Traité de l'Amour de Dieu , par S. François de Sales.
Paris , 1664 , *in-8.*

224. Effais de Morale de Nicole. *La Haye,* 1688 , 17 *vol. in-12.*

225. Pfeaumes d'Antoine , Roi de Portugal. *Paris* , 1655 ,
in-12.

226. Morale Chrétienne , par Floriot. *Paris* , 1709 , *in-4.*

227. Sentences choifies des quatre Evangeliftes. *Paris,* 1683,
in-12.

228. Traité fur la Priere publique, par Duguet. *Paris,* 1707,
in-12.

229. Le Pélerinage d'un nommé Chrétien. *Paris,* 1772 , *in-8.*

230. Defcription de la Cité de Dieu. 1550 , *in-16.*

231. Vie de Jefus dans les Saints , par Nouet. *Paris* , 1681 ,
in-12

232. Il Molinos Confufo, di Paolo Segneri. *Paris* , 1687, *in-8.*

233. Combat de Michel de Molinos , & de Louis de Malle-
branche , fur leur Doctrine , par Faydit. *Paris* , 1699 ,
in-12.

234. Explication des maximes des Saints, par de Fenelon.
Paris , 1697 , *in-12.*

235. Ars femper gaudendi, ad veram animi quietem, Aut.
Nic. Henry. *Nanceii* , 1696 , *in-8.*

236. Le Fagot de Myerre ; *in-8. got.*

237. Les voies de Paradis , par P. Doré. 1535 , *in-8. got.*

238. Maximes de Saint Etienne , par Baillet. *Paris* , 1707 ;
in-12.

239. Pratiques de la Vie intérieure, par de Gonelieu. *Paris;*
1701 , *in-12.*

240. Traité de la Vie Chrétienne. *Amft.* 1699 , 2 *vol. in-12.*

241. Inftruction de la Jeuneffe, par Gobinet. *Paris,* 1689,
in-12.

242. Avis falutaires à une Mere Chrétienne, pour fe fanctifier dans l'éducation de fes enfans. *Paris*, 1690, *in-12*.

243. Vie d'un Libertin converti, par Maillard. *Rouen*, 1708, *in-12*.

244. Régles Chrétiennes pour la conduite de la Vie. *Paris*, 1679, *in-12*.

245. Exhortations pour les perfonnes affligées ou mourantes, par Martin. *Paris*, 1712, 5 *vol. in-12*.

246. Traité de la Piété des Chrétiens envers les Morts, par Lallemant. *Paris*, 1665, *in-12*.

247. L'Aumône Chrétienne. *Paris*, 1651, 2 *vol. in-12*.

248. Le Chrétien charitable qui vifite les pauvres, les prifoniers, par Bonnefons. *Paris*, 1651, *in-12*.

249. Spirituale Guerriero d'Affifi Defc. dal P. Gallitiolo, *Venetia*, 1683, *in-8*.

250. Confeffionaire de Saint Thomas d'Aquin. *in-8*.

251. Arte della Perfettion Chriftiana. *in Roma*, 1665, *in-8*.

252. Pratique de la Perfection Chrétienne, trad. de Rodrigués, par Regnier Defmarais. *Paris*, 1688, 3 *vol. in-4*.

253. Nyder Formicarium. *Duaci*, 1602, *in-8*.

254. Cet Livre eft de vices & de vertus, que J. Frere des Precheurs fift à la Requefte du Roy Philippe, l'an 1269. mff. fur velin, *in-8*.

255. Agneau Pafcal, & Pratique de Piété. *Cologne*, 1683, 2 *vol. in-8*.

Théologiens Polémiques & Héterodoxes.

256. Traité de la vérité de la Religion Chrétienne, par Abbadie. *Rott.* 1701, 3 *vol. in-12*.

257. Penfées de Pafcal, fur la Religion. *Amft.* 1701, *in-12*.

258. Témoignage du Sens intime & de l'expérience, par de Lignac. *Auxerre*, 1760, 3 *vol. in-12*.

259. Lettres de quelques Juifs Portugais & Allemans à Voltaire, par Guenet. *Paris*, 1769, *in-8*.

260. Le Vrai Bouclier de la Foi Chrétienne. 1562, *in-16*.

261. Traité de l'Eglife, par Philippe de Mornay. *La Rochelle*, 1600, *in-8*.

262. Traité de l'Unité de l'Eglife. *Paris*, 1687, *in-12*.

263. Expofition de la Doctrine de l'Eglife Catholique, par J. Ben. Boffuet. *Paris*, 1686, *in-12*.

264. Dialogues de Photin & Irenée , fur la réunion des Re-
ligions. *Mayence*, 1685 , 2 *vol. in-12.*
265. Moyens de réunir les Proteftants ; par R. Simon.
Paris , 1703 , *in-12.*
266. Eſſai de réunion des Proteftants aux Catholiques Ro-
mains. *Paris* , 1756 , *in-12. v. m.*
267. Avis aux Réfugiés fur leur prochain retour en France ,
par P. Bayle , *Amft.* 1690 , *in-12.*
268. Chrift. à Capite Fontium Defenfio fidei Majorum, quód
verum Chrifti Corpus in Euchariftiæ Sacramento eſſe cen-
febant. *Ven.* 1581 *in-8.*
269. Défenfe de la foi que nos Ancêtres ont eu de la pré-
fence réelle du Corps de J. C. au S. Sacrement de l'Autel,
par de Cheffontaine. *Paris* , 1585 , *in-8. m. r.*
270. Perpétuité de la Foi. *Paris* , 1672 , *in-12.*
271. Perpétuité de la Foi de l'Eglife Catholique , touchant
l'Euchariftie , par Arnauld & Renaudot. *Paris* , 1669 , 5 *vol.*
in-4.
272. Réponfe à la perpétuité de la Foi , par Claude. *Charen-*
ton , 1668 , *in-4.*
273. Réponfe générale au nouveau livre de Claude , *Paris* ,
1671 , *in-12.*
274. Rich. Simonis Fides Ecclefiæ Orientalis, gr. lat. *Paris* ,
1671 , *in-4.*
275. Sandii Bibliotheca Antitrinitariorum. *Freiſladii* , 1684 ;
in-8.
276. Crellii Catechefis Ecclefiarum Polonicarum. 1684. *in-8.*
277. Calvini Inftitutio Chriftianæ Religionis. *Genevæ* , 1618 ,
in-8.
278. Catechifmus Calvini. *Bafileæ* , 1538 , *in-8. v. m.*
279. Traités touchant la Réformation de l'Eglife Chrétienne,
par Calvin. *in-16. m. r.*
280. Calvinus Judaïzans. *Witebergæ* , 1535 , *in-8.*
281. Dialogo del Purgatorio di Bernardino Occhino. 1556 ;
in-8. v. f.
282. Papatus Romanus. *Londini* , 1617———Hiftoria Mani-
chæorum , *Urfellis* , 1578 , *in-4.*
283. Derodon Difputatio de fuppofito. *Francofurti* , 1645 ,
in-8. m. v.
284. Politique du Clergé de France. *Amft.* 1682 , *in-12.*
285. L'efprit d'Arnauld. *Deventer* , 1684 , 2 *vol. in-12.*

286. Entretiens de Maxime & de Themifte. *Rotterdam*, 1707; *in-12.*

287. Conformité de la Foi, avec la raifon, ou défenfe de la Rel. contre Bayle, par Jacquelot. *Amfl.* 1705, 3 *vol. in-8.*

288. La Peyrere Præadamitæ. 1655, *in-16.*

289. Hulfii nonens Præadamiticum. *Lugd. Batav.* 1656, *in-12.*

290. Hilperti Difquifitio de Præadamitis. *Ultrajecti*, 1656, *in-12.*

291. Junius de peccato primo Adami. *Lugd. Bat.* 1595, *in-8.*

292. Jul. Cæf. Vanini Amphitheatrum æternæ Providentiæ. *Lugduni*, 1615, *in-8. v. f. d. f. t.*

293. Ejufdem de admirandis Naturæ Reginæ Deæque Mortalium arcanis Dialogi. *Lutetiæ*, 1616, *in-8. v. f. d. f. t.*

294. Arpe Apologia pro Vanino. *Cofmopoli*, 1712.——— Ejufdem Theatrum Fati. *Roterodami*, 1712, *in-8.*

295. Tractatus Theologico-Politicus. *Hamburgi*, 1670, *in-4.*

296. Bredenburgii Enervatio Tractatûs Theologico-Politici. *Roterodami*, 1675, *in-4.*

297. B. D. S. Opera pofthuma, 1677, *in-4.*

298. Philofophia Sacræ Scripturæ interpres. *Eleutheropoli*, 1666, *in-4.*

299. Renati Defcartes Principia Philofophiæ. *Amftelodami*, 1663, *in-4.*

300. Lamberti Velthuyfii Opera. *Roterodami*, 1680, 2 *vol. in-4.*

301. Adeifidæmon, five Titus Livius à fuperftitione vindicatus, *Hagæ Comitis*, 1709, *in-8.*

302 Formula celebrandæ Sodalitatis Socraticæ. *Cofmopoli*, 1720, *in-8.*

JURISPRUDENCE.

Droit Canonique.

303. Corpus Juris Canonici. *Lugduni*, 1671. 3 *vol. in-fol.*

304. Nili Libri duo de Primatu Papæ. *Hanoviæ*, 1608, *in-8.*

305. Richerii Libellus de Ecclefiaftica & Politica Poteftate. *Coloniæ*, 1701, 2 *vol. in-4.*

306. Recueil de Piéces touchant le Livre de la Puiffance Ec-

clefiaftique & Politique de Richer *Paris*, 1611, *in-8.*

307. Du Vallii Difputatio de fuprema Romani Pontificis in Ecclefiam Poteftate *Parif.* 1614. *in-4.*

308. Recueil de Piéces, concernant les Cenfures de la Faculté de Théologie, fur la Hierarchie de l'Eglife. *Munfter*, 1666, *in-12.*

309. Traité du Pouvoir du Magiftrat Politique fur les chofes facrées, trad. de Grotius. *Londres*, 1757, *in-12.*

310. Traité de l'Autorité des Rois touchant l'adminiftration de l'Eglife, par le Vayer de Boutigny. *Londres*, 1753, *in-12.*

311. Traité de l'Autorité Ecclefiaftique & de la Puiffance temporelle, par Dupin. *Paris*, 1768, 3 *vol. in-12.*

312. De l'Autorité du Clergé & du Pouvoir du Magiftrat Politique. *Amft.* 1766, 2 *vol. in-12.*

313. Lucii Antiftii Conftantis de Jure Ecclefiafticorum Liber. *Alethopoli*, 1645, *in-12.*

314. Recueil fur les immunités Eccléfiaftiques. 20 *vol. in-12.*

315. Traité des Appellations comme d'abus, par Richer, 1763, *in-8.*

316. Alteferræ Vindiciæ Ecclef. Jurifdictionis adverfùs Car. Fevretum. *Parif.* 1703, *in-4.*

317. Avis aux Princes Catholiques. *Paris*, 1768, 2 *vol. in-12.*

318. Hift. des Entreprife du Clergé, fur la Souveraineté des Rois. 1767. *in-12.*

319. Traité Dogmatique & Hiftorique des Edicts, pour maintenir l'unité de l'Eglife Catholique, par Thomaffin. *Paris*, *Imp. R.* 1703, 3 *vol. in-4.*

320. Bibliothéque Canonique, par Claude Blondeau. *Paris*, 1689, 2 *vol. in-fol.*

321. Traité des Matieres Beneficiales & Eccléfiaftiques, par C. Horry. *Parif.* 1695. *in-4.*

322. Launoii Regia in Matrimonium Poteftas. *Parif.* 3 *vol. in-4.*

323. Galefii Ecclefiaftica in Matrimonium Poteftas, contra Launoium. *Romæ*, 1676, *in-4.*

324. L'Huillier Obfervationes in librum Launoii. *Lovanii*, 1678, *in-4.*

325. Traité du Pouvoir de l'Eglife & des Princes fur les empêchemens du Mariage, par Gerbais. *Paris*, 1696, *in-4.*

326. Traité des Droits & Libertés de l'Eglife Gallicanne, par Pithou. *Paris*, 1609, 2 *vol. in-4.*

327. Commentaire de Dupuy, sur le Traité des libertés de l'Eglise Gallicane de P. Pithou, donné par Lenglet. *Paris*, 1715, 2 *vol. in-4. g. p.*

328. Preuves des Libertés de l'Eglise Gallicane. *Paris*, 1657, 2 *vol. in-fol.*

329. Charlas Tractatus de Libertatibus Ecclésiæ Gallicanæ. *Leodii*, 1684, *in-4.*

330 De Marca de Concordia Sacerdotii & Imperii. *Parif.* 1704, *in-fol.*

331. L'Esprit de Gerson, par le Noble. 1692, *in-12.*

332. Recueil abregé des Actes, Titres & Mémoires concernant le Clergé, par Thomas Regnonst. *Paris*, 1667, *in-4.*

333. Recueil des Actes, Titres & Mémoires du Clergé, par le Gentil. *Paris*, 1675, 6 *vol. in-fol.*

334. Abregé des Actes, Titres & Mémoires du Clergé, par Borjon. *Paris*, 1680, *in-4.*

335. Observations sur les Actes de l'Assemblée du Clergé de 1765, *in 12.*

336. Concordata inter Leonem X & Francifcum I. 1535, *in-8.*

337. Traité des Regales, par P. Pinsson. *Paris*, 1688, 2 *vol. in-4.*

338. Traité de la Regale. *Col.* 1680. *in-12.*

339. L'Evêque de Cour opposé à l'Evêque Apoftolique. *in-12.*

340. Hift. de l'origine & du progrès des revenus Ecléfiafti-ques, par Acofta. *Bafle*, 1706, 2 *vol. in-12.*

341. Ancienne & nouvelle Difcipline de l'Eglife, par Thomaffin. *Paris*, 1679, 3 *vol. in-fol.*

342. Table générale ou Concorde de la Difcipline de l'Eglife. *Paris*, 1681, *in-8.*

343. Rebuffi Tractatus de Decimis. *Paris*, 1551, *in-8.*

344. Marcelli Ancirani (Jac. Boileau) Difquifitiones de refidentia Canonicorum. *Paris*, 1695, *in-8.*

345. Regle de S. Benoît. *Paris*, 1681, *in-12.*

346. Conftitutions de Port-Royal. *Mons*, 1665, *in-12.*

347. Corpus Inftitutionum & Conftitutionum, Soc. Jefu. *Antuerp.* 1635, 9 *vol. in-8.*

348. Compte rendu des Conftitutions des Jéfuites, par de la Chalotais, de Monclar, 1763, 3 *vol. in-12.*

349. Statuts de l'Ordre du S. Efprit. *Paris*, *Imp. R.* 1703, *in-4.*

350. Chenu Stilus Juridictionis Ecclesiasticæ. *Parif.* 1603, *in-8.*

351. Stile des Notaires Apostoliques. *Paris*, 1672, *in-4.*

Droit Civil.

352. Omphali Libri de Ufurpatione Legum & earum studiis. *Bafileæ*, 1550, *in-fol.*

353. Vocabularium utriufque Juris. *Ven.* 1589, *in-8.*

354. Corvini Posthumus Pacianus feu Definitiones Juris. *Amft.* 1643, *in-12.*

355. Abregé de la Jurifprudence Romaine, par Colombet. *Paris*, 1655, *in-4.*

356. Titres du Droit Civil & du Droit Canonique. *Lyon*, 1705, *in-4.*

357. Conftitutiones Theodofii. *Parif.* 1550, *in-8.*

358. Corvini Enchiridion. *Amft.* 1644, *in-12.*

359. Scipionis Gentilis Parergon ad Pandectas. *Franco-furti*, 1692, *in-12.*

360. Contii Commentarius ad Digefta. *Parif.* 1570, *in-8.*

361. Des diverfes Régles de Droit Ancien. *Paris*, 1583, *in-8.*

362. Jac. Cujacii Paratitla in Codicem, *Parif.* 1656, 3 *vol. in-12.*

363. De Nuptiis fine parentum Confenfu non contrahendis. *Parif* 1579, *in-12.*

364. De Veteri Ritu Nuptiarum & Jure Connubiorum. *Lugd. Bat.* 1641, *in-12 m. r.*

365. Bezæ Tractatio de Polygamia & Divortiis. *Genevæ*, 1568, *in-8.*

366. De l'Efprit des Loix, par Montefquieu, *Geneve*, 1748, 2 *vol. in-4.*

367. Grotius de Jure Belli ac Pacis. *Amft.* 1632, *in-8.*

368. Seldeni, Mare claufum. *Amft.* 1636. *in-12.*

Droit François.

369. Capitula Regum Francorum. *Parif.* 1548, *in-16.*

370. Capitularia Regum Francorum, ex editione & cum notis Steph. Baluzii. *Parif.* 1677, 2 *vol in-fol.*

371. Ordonnances, Loix, Edits & Statuts Royaux de France, par Rebuffi. *Lyon*, 1559, *in-fol.*

372. Edits & Ordonnances des Rois de France, recueillis par Ant. Fontanon. *Paris*, 1611, 3 *vol. in-fol.*

373.

373. Edits & Ordonnances des Rois de France, par Neron. Paris, 1656, *in-fol.*

374. Ordonnance de Moulins. *Lyon*, 1566, *in-12.*

375. Code de Henry III. *Paris*, 1587, *in-fol.*

376. Code de Louis XIII, par Corbin. *Paris*, 1628, *in-fol.*

377. Abregé des Ordonnances Royaux, par Jean Nau. *Paris*, 1664, *in-4.*

378. Conférence des Ordonnances & Edits Royaux, par Guenois. *Paris*, 1678, 3 *vol. in-fol.*

379. Code Civil. *Paris*, 1667, *in-4.*

380. Code Criminel. *Paris*, 1670, *in-4.*

381. Code Marchand. *Paris*, 1673, *in-4.*

382. Ordonnance de 1669, concernant la Jurifdiction des Prévôt des Marchands & Echevins. *Paris*, 1676, *in-fol.*

383. Déclaration concernant les inftances des Communautés. *Paris*, 1687, *in-4.*

384. Ordonnance fur les Eaux & Forêts. *Paris*, 1669, *in-4.*

385. Code des Chaffes. *Paris*, 1753, 2 *vol. in-12.*

386. Recueil d'Edits, Déclarations concernant les Franc-Fiefs & nouveaux acquets. *Paris*, 1692, *in-4.*

387. Conférence des Ordonnances, par Bornier. *Paris*, 1686, 2 *vol. in-4.*

388. Bail des fermes, fait à Carlier, *Paris*, 1728, *in-4.*

389. Recueil d'Edits, Déclarations & Arrêts fur toutes fortes de Matieres. *Paris*, *in-4.*

390. Inftitutes Coutumieres, par Loifel. *Paris*, 1665, *in-8.*

391. Bibliothéque des Coutumes, par de Lauriere. *Paris*, 1699, *in-4.*

392. Conférences des Coutumes, par Guenoys. *Paris*, 1596, *in-fol.*

393. Difcours fur plufieurs Articles abrogés de la Coutume d'Anjou, par Touraille. *Angers*, 1644, *in-16.*

394. D'Argentré Confuetudines Britanniæ cum Commentariis. *Paris*, 1621, 2 *vol. in-fol.*

395. Coutumes de Chaumont, par Gouffet. *Paris*, 1579, *in-4.*

396. Les mêmes. *Chaumont*, 1722, *in-8.*

397. Coutume de Normandie. *Rouen*, 1684, *in-32.*

398. Coutume de Paris. *Paris*, 1582, *in-4.*

399. Conférence de la Coutume de Paris, par G. Fortin. *Paris*, 1611, *in-4.*

C

400. Inftitution à la Coutume de Paris , par Nic. Lemée. *Paris* , 1669 , *in-12.*

401. Coutume de Paris avec les notes de du Moulin , & les obfervations de Tournet. *Paris* , 1691 , 2 vol. *in-12.*

402. Coutume de Paris avec les annotations de J. Tronçon. *Paris* , 1644 , *in-fol.*

403. Coutume de Paris , commentée par Brodeau. *Paris* , 1669 , 2 vol. *in-fol.*

404. Œuvres de Auzanet. *Paris* , 1708 , *in-fol.*

405. Principes Généraux de la Coutume de Paris. *Paris* , 1740. *in-32.*

406. Coutume de Senlis. 1551 , *in-16.*

407. Ordonnances Royaux du Baillage de Touraine , 1528 , *in-8.*

408. Coutumes de Troyes avec les Commentaires de le Grand. *Paris* , 1681 , *in-fol.*

409. Coutume de Vermandois. *Metz* , 1688 , *in-12.*

410. Coutume de Vitry le François , avec le Commentaire de Salligny. *Chaalons* , 1676. *in-4.*

411. Caroli Molinæi Opera. *Parif.* 1658 , 4 vol. *in-fol.*

412. Œuvres de Defpeiffes. *Lyon* , 1677 , 2 vol. *in-fol.*

413. Œuvres de Guy Coquille. *Bordeaux* , 1703 , 2 vol. *in-fol.*

414. Gloffaire du Droit François , par de Lauriere. *Paris* , 1704 , *in-4.*

415. La Jurifprudence Françoife conferée avec le Droit Romain. *Paris* , 1665 , *in-4.*

416. Maximes générales du Droit Francois , par P. de l'Hommeau. *Paris* , 1665 , *in-4.*

417. Inftitution au Droit François , par Argou. *Paris* , 1739 , 2 vol. *in-12.*

418. Bibliothéque ou tréfor du Droit François , par J. Bechefer. *Paris* , 1667 , 6 vol. *in-fol. g. p.*

419. Dictionnaire contenant les principales maximes & décifions du Palais , par de la Ville. *Paris* , 1692 , *in-fol.*

420. Dictionnaire Civil & Canonique de Droit & de Pratique. *Paris* , 1707 , *in-4.*

421. Dictionnaire de Juftice , Police & Finance , par Chafles. *Paris* , 1725 , 3 vol. *in-fol.*

422. Traité de la Communauté , par de Renuffon. *Paris* , 1699. *in-fol.*

423. Traité de fucceffions , par le Brun. *Paris* , 1700 , *in-fol.*

424. Traité de la Repréſentation du double Lien , par Guyné. *Paris* , 1699 , *in-4.*

425. Traité de la Contribution à la Légitime , par Berger. *Paris* , 1702 , 2 *vol. in-12.*

426. Traité des donations , par J. Marie Ricard. *Paris* , 1701 , 2 *vol. in-fol.*

427. Camerarius de prohibita Feudi Alienatione. *Baſileæ* , 1566 , *in-8.*

428. Examen de l'uſage général des Fiefs en France , par Bruſſel. *Paris* , 1727 , 2 *vol. in-4.*

429. Réglement ſur les Scellés & inventaires. *Paris* , 1734 , *in-4.*

430. Annæi Roberti rerum judicatarum libri. *Genevæ* , 1610 , *in-8·*

431. Arrêts de Montholon. *Paris* , 1645 , *in-4.*

432. Journal du Palais. *Paris* , 1701 , 2 *vol. in-fol.*

433. Recueil d'Arrêts , par P. Bardet. *Paris* , 1690 , 2 *vol. in-fol.*

434. Arrêtés de Lamoignon. *Paris* , 1702 , *in-4.*

435. De Salſedo Practica Criminalis Canonica. *Antuerpiæ* , 1593 , *in-8.*

436. Practica & Theorica Cauſarum Criminalium. *Lugd.* 1555 , *in-16.*

437. Juriſprudence du Palais , par Laurent Jovet. *Paris* , 1676 , *in-4.*

438. Pratique Civile & Criminelle , par Lange. *Paris* , 1702 , *in-4.*

439. Recueil d'Edits , concernant la Chambre des Comptes. *Paris* , 1726 , 4 *vol. in-4.*

440. Arrêts & Réglements concernant les Procureurs. *Paris* , 1694 , *in-4.*

441. Chartres & Privileges des Notaires. *Paris* , 1663 , *in-4.*

442. Recueil ſur l'établiſſement des Conſuls. *Paris* , 1668 , *in-4. m. r.*

443. Procès de Fouquet , 1665 , 14 *vol. in-12.*

444. Obſervations ſur un Manuſcrit intitulé , Traité du Péculat. 1666 , *in-12.*

445. Factum pour la Comteſſe de S. Géran. *Paris* , 1663 , *in-4.*

446. Plaidoyer de Nicolas de Corberon. *Paris* , 1693 , *in-4.*

447. Mémoire pour les Lionci. *Paris* , 1761 , *in-4.*

448. Statuta Venetiana. *in-4. mſſ.*

449. An exact Abrigment of all the Statutes. *London* , 1708,
2 vo'. *in-8.*
450. The Lau of Corporations. *London* , 1702 , *in-8.*

SCIENCES ET ARTS.

Philosophie.

451. Pet. J. Nunneius de Studio Philosophico. *Lugd. Bat.*
1621 , *in-12.*
452. Morisani Apotelesma in Aristotelis Logicam, Physicam,
Ethicam. *Francof.* 1625 , *in-4.*
453. Platonis Opera Marsilio Ficino interprete. gr. lat. *Fran-
cofurti* , 1602 , 3 *vol. in-fol.*
454. Comparationes Aristotelis & Platonis , per Trapezun-
tium. 1523 , *in-8.*
455. Epicteti Enchiridion & Tabula Cebetis. *Amst.* 1670 ,
in-32.
456. Discorsi Morali di Agostino Mascardi su la tavola di
Cebete Tebano *Ven.* 1662 , *in* 12.
457. La Vie d'Epictete & sa Philosophie. *Paris* , 1657, *in-12.*
458. Petri Molinæi Opera Philosophica. *Amst.* 1645 , *in-8.*
459. Sentimens de Descartes , touchant l'essence & les pro-
priétés du corps , par de la Ville. *Paris* , 1680, *in-12.*
460. Recueil de Piéces , concernant la Philosophie de Des-
cartes. *Amsterdam* , 1684 , *in* 12.
461. Systême de Philosophie , par Regis. *Paris* , 1690 , 3
vol. in-4.
462. Entretiens sur la Philosophie , par Rohault. *Paris* , 1671,
in-12.
463. Nouveau Systême de Philosophie , par Ladvocat. *Paris*,
1728 , 2 *vol. in-12.*
464. Wendelini Institutiones Logicæ. *Amst.* 1663 , *in-12.*
465. Les premiers Elemens des Sciences , par le P. Lamy.
Paris , 1706 , *in-12.*
466. Morum Philosophia historica , 1594 , *in-8.*
467. Quatrains de Pybrac & de Faure , revus par Matthieu.
Paris , 1644 , *in-8.*
468. Trois Livres de la Sagesse , par Pierre Charron. *Amster-
dam Elzevirs* , 1662 , *in-12.*
469. La Philosophia morale del Doni. *Venetia* , 1594 , *in-8.*

470. Reflexions prudentes & Pensées morales. *Amst.* 1671, *in-12. v. b.*

471. Le Nouveau Théophraste. *Paris*, 1700, *in-12.*

472. Théâtre des Animaux, auquel, sous plusieurs Fables & Histoires, est représentée la plûpart des actions de la vie humaine. *Paris*, 1595, *in-4. fig.*

473. Doctrine des mœurs, par de Gomberville. *Paris*, 1646, *in-fol.*

474. Verulani Libellus de Moribus in mensa servandis. *Paris.* 1570, *in-8.*

475. The Rambler. *London*, 1772, *in-8.*

476. La Piazza Universale di tutte le Professioni del mondo, da Th. Garzoni. *Venetia*, 1589, *in-4.*

477. La Prudenza Humana Fallacissima, di secondo Lancelotti. *Venetia*, 1640, *in-8.*

478. Oracolo Manuale è arte di prudenza, da V. de Lastanosa. *Parma*, *in-12.*

479. Traité du vrai mérite de l'Homme, par le Maitre de Claville. *Paris*, 1740, 2 *vol. in-12.*

480. Plutarchi de Puerorum educatione Libellus, gr. lat. *Lipsiæ*, 1704, *in-8.*

481. De l'Education, par J. J Rousseau. *La Haye*, 1762, 4 *vol. in-8.*

482. Maximes pour l'Instruction d'un Roi. *Paris*, 1718, *in-12.*

483. Libro di Marco Aurelio con l'Horologio de Prencipi da Antonio Guevara. *Venetia*, 1581. *in-4.*

484. Le Guide fidele de la vraie Gloire, par Barenger. *Paris*, 1688, *in-8.*

485. Conseils d'un Gouverneur à un jeune Seigneur. *Paris*, 1727, *in-12.*

486. La Science des Personnes de Cour, de l'Epée & de la Robe, par de Chevigny, augmentée par de Limiers. *Amst.* 1723, 4 *vol. in-12.*

487. Il Cortigiano del Conte Baldassaro Castiglione. *Lione, Rouillio*, 1550, *in* 16.

488. Devoirs des personnes de qualité. *Paris*, 1728, 2 *vol. in-12.*

489. Traité des restitutions des Grands. 1665, *in-12.*

490. Cardani Arcana Politica sive de prudentia Civili Liber. *Lugd. Bat. Elzevirs*, 1635, *in-32. m. r.*

491. Wanicki Institutio politica. *Hamburgi*, 1665, *in-12.*

492. Tesoro politico. *Colonia*, 1598, *in-8.*

493. Nic. Machiavelli Princeps. *Franc.* 1622, *in-16.*

494. Idem. *Amſt.* 1699, *in-12.*

495. Le même trad. & commenté par Amelot de la Houſ-
fraye. *Amſterdam*, 1684, *in-12.*

496. Diſcours ſur Tite-Live avec le Prince, par Machiavel.
Rouen, 1664, 2 *vol. in-12.*

497. De l'autorité du Roi, & crimes de Lèze-Majeſté. 1587,
in-8.

498. Scip. Gentilis de Conjurationibus. *Hanoviæ*, 1602,
in-12.

499. Recueil des piéces ſur la dépoſition des Rois & ſubver-
fion de leurs vies & états. *Geneve*, 1627, *in-8.*

500. Traité de la Puiſſance & Autorité des Rois. *Paris*, 1561,
in-8.

501. Junii Bruti (Huberti Langueti) Vindiciæ contra tirannos.
1580. *in-8.*

502. Manuel des Souverains. 1754, *in-12.*

503. Hobbes Elementa Philoſophica de Cive. 1742, *in-12.*

504. Elemens Philoſophiques du Citoyen, par Hobbes, trad.
par de Sorbiere. *Amſt.* 1649, *in-8.*

505. Cocquii Hobbeſianiſmi Anatome, ex tractatibus de
Homine, Cive, Leviathan. *Ultrajecti*, 1680, *in-8.*

506. L'Utopie de Thomas Morus, trad. par Sorbiere. *La
Haye*, 1642, *in-12.*

507. L'Ami des Hommes ou Traité de la population, par Mi-
rabeau. *Avignon*, 1756, 5 *vol. in-12.*

508. Traité de la Politique de France, par Paul Hay du Cha-
telet. *Cologne*, 1669, *in-12.*

509. Conſidérations Politiques ſur les coups d'Etat, par Ga-
briel Naudé. 1712, *in-12.*

510. Trutina Statuum Europæ, authore de Rohan. *Roſtochii*,
1668, *in-12.*

511. Négotiations de paix entre les Electeurs de Mayence,
de Pologne, & les Rois de France & d'Eſpagne, en 1658,
1659, *in-12.*

512. Le Guidon des Finances, revu & corrigé par Hardy.
Paris, 1644, *in-8.*

513. Elémens des Finances. *Paris*, 1736, *in-fol.*

514. L'Art des Lettres de Change, par Dupuy. *Paris*, 1693,
in-8.

515. Dictionnaire de Commerce, par Savary. *Paris*, 1723 &
1730, 3 *vol. in-fol.*

516. Essai fur les Monnoies, ou Reflexions fur le rapport entre l'argent & les denrées, par Dupré de S. Maur. *Paris*, 1746, *in-4*.

517. Tarifs pour fçavoir la quantité des Bleds qu'il y a dans les greniers du Royaume, par Barême. *Paris*, 1709, *in-8*.

518. Julii Sirenfis Brixiani de fato Libri IX. *Ven.* 1563, *in-fol. p. b.*

519. Differtations Phyfiques fur le difcernement du corps & de l'ame, par de Cordemoy. *Paris*, 1690, *in-12*.

520. Quatre Dialogues fur l'Immortalité de l'ame, par Dangeau. *Paris*, 1684, *in-12*.

521. Phédon ou Entretiens fur la fpiritualité de l'ame, trad. de l'Allemand par Junker. *Paris*, 1772, *in-8*.

522. Introduction à la connoiffance de l'Efprit humain, par de Vauvenargues. *Paris*, 1746, *in-12*.

523. Examen des Efprits pour les fciences. *Paris*, 1645, *in-8*.

524. Jordani Bruni Nolani Ars reminifcendi. *in-12*.

525. Jordanus Brunus Nolanus de umbris idearum. *Paris*, 1582, *in-8*.

526. De la recherche de la vérité, par Mallebranche. *Paris*, 1712, 2 *vol. in-4. g. p.*

527. Critique de la recherche de la vérité. *Paris*, 1675, *in-12*.

528. Réfutation d'un nouveau fyftême de Métaphyfiqne, propofé par le P. Mallebranche. *Paris*, 1715, 3 *vol. in-12*.

529. Reflexions Philofophiques & Theologiques, fur le nouveau fyftême de la Nature & de la Grace, par Arnauld. *Cologne*, 1685, 3 *vol. in-12*.

530. Lettres de Mallebranche, contre Arnauld. *Rotterdam* 1686, *in-12*.

531. Lettres d'Arnauld au P. Mallebranche. 1685, *in-8*.

532. Défenfe d'Arnauld contre la réponfe au livre des vraies & fauffes idées. *Cologne*, 1684, *in-12*.

533. Lettres Philofophiques contre le P. Mallebranche. *Trevoux*. 1703, *in-12*.

534. Differtation fur le prétendu bonheur des fens, par Arnauld. *Cologne*, 1687, *in-8*.

535. Traité de la connoiffance de foi-même, par Lamy. *Paris*, 1701, 6 *vol. in-12*.

536. Lettres du même pour répondre à la critique du P. Mallebranche. *Paris*, *in-12*.

537. L'Accord parfait de la Nature, de la Raison, de la Révélation, & de la Politique. *Col.* 1753, 2 *vol. in*-12.

538. Voyage du Monde de Descartes, par Daniel. *Paris*, 1702, *in*-12.

539. Ant. le Grand Diſſertatio de carentia ſenſûs & cognitionis in brutis. *Lond.* 1675, *in*-12.

540. Bodini Univerſæ naturæ Theatrum. *Hanoviæ*, 1605, *in*-8.

541. Villinganus de illorum dæmonum qui ſub lunari Collimitio verſantur, ortu, nominibus, & quibus mediis compellantur. *Baſileæ*, 1563, *in* 8.

542. Malleus Maleficarum. *Lugd.* 1620, 2 *vol. in*-8.

Hiſtoire Naturelle.

543. Le ſyſtême du Monde. *Paris*, 1675, *in*-12.

544. Voet Phyſiologia, ſive de natura rerum Libri. *Ultrajecti*, 1688, *in*-8.

545. Baconis de Verulamio Sylva ſylvarum. *Lugd. Bat.* 1648, *in*-12.

546. Ejuſdem Hiſtoria Naturalis de Ventis. *Lugd.* 1638, *in*-24.

547. Traité de Phyſique, par Rohault. *Paris*, 1681, 2 *vol. in*-12.

548. Eſſai des merveilles de Nature & des plus nobles artifices, par René François. *Rouen*, 1657, *in*-8.

549. Spectacle de la Nature, par Pluche. *Paris*, 1736, 3 *vol. in*-12.

550 L'Exiſtence de Dieu démontrée par les merveilles de la Nature, trad. de B. Nieuwentyt, par Nogues. *Paris*, 1725, *in*-4. *fig.*

551. Le regne Animal diviſé en 9 Claſſes, par Briſſon. *Paris*, 1756, *in*-4.

552. Liſter Tractatus hiſt. Animalium Angliæ, de Araneis, de Cochleis. *Lond.* 1678, *in*-4. *fig.*

553. Guil. Harvei Exercitationes de generatione Animalium. *Amſt.* 1651, *in*-12.

554. Borelli Opus de motu Animalium. *Romæ*, 1680, 2 *vol. in*-4.

555. Ornithologie, par Briſſon. *Paris*, 1760, 6 *vol. in*-4.

556. Redi circa generationem Inſectorum. *Lugd. Batav.* 1729, 3 *vol. in*-12.

557. Jovius de Romanis Pifcibus 1531. ——— Pictorii Vil-
lingani Sermonum convivialium Libri, de ebrietate lufus.
——— De Pharmacandi comprobata ratione. ——— De om-
nium morborum cura per ferenum Samonicum. *Bafileæ*,
1571, *in* 8.

558. Marcelli Malpighii Opera, *Lugd. Bat.* 1687 ; *in*-4.

559. Joan. Raii Methodus Plantarum nova. *Londini*, 1682 ;
in-8.

560. Hiftoire des Plantes des environs de Paris, par Tourne-
fort. *Paris*, 1698, *in*-12.

561. L'Agriculture & Maifon ruftique ; par Charles Etienne,
& Jean Liebault. *Rouen*, 1625, *in*-4.

562. Maifon ruftique, par L. Liger. *Paris* ; 1708, 2 *vol.*
in 4.

563. Amufements de la Campagne, par Liger. *Paris*, 1709 ;
2 *vol. in*-12.

564. Melchioris Guilandini, & Hier. Mercurialis Commentarii
de Papiro. *Ven.* 1572, *in*-4.

565. Andreæ Cæfalpini Libri tres de Metallicis. *Romæ*, 1596,
in-4.

566. A Collection of fcarce and valuable treatifes upon me-
tals, mines, and mineral, by Alonfo Barba. *London*, 1740 ;
in-8.

567. Elements of the art of affaying metals by John Andrew
Cramer. *London*, 1741 ; *in*-8.

Médecine, *Chymie*, *&c.*

568. Capricci Medicinali di Leonardo Fioravanti. *Ven.* 1568 ;
in-8.

569. Primerofi Libri de vulgi erroribus in Medicina. *Rotte-
rodami*, 1658, *in*-12.

570. A New Medicinal Dictionary, by John Quincy. *London*,
1736, *in*-4.

571. Gafp. Hofmanni Commentarii in Galenum de ufu par-
tium. *Francof.* 1625, *in-fol.*

572. Corn. Celfi Libri de Medecina cum notis variorum ;
ex edit. Th. J. ab Almeloveen. *Amft.* 1713, *in*-8.

573. Thomæ Minadoi de humani Corporis turpitudinibus
cognofcendis & curandis Libri. *Patavii*, 1600, *in-fol.*

574. Duncani Liddelii Ars Medica explicata. *Hamburgi* ;
1608, *in*-8.

575. Degli Errori popolari d'Italia di Scipione Mercurii. *Ven.* 1603, *in*-4.

576. Willis Diatribæ de Fermentatione, de Febribus & de Urinis. *Amstelod.* 1663 , *in*-12.

577. Ejusdem Pharmaceuticè rationalis. *Oxoniæ*, 1675, *in*-12.

578. Theod. Craanen Opera Phisico-Medica. *Antuerpiæ*, 1689, 2 *vol. in*-4.

579. Joannis Cousin novum Asthma novis signis novam causam arguentibus novissime detectum. *Parisiis*, 1673 , *in*-12.

580. Jo. Freind Emmenologia. *Rott.* 1711 , *in*-12.

581. Jasonis à Pratis Libri de Uteris. *Amstelod.* 1657. *in*-12.

582. Schoockii Disquisitio physica de signaturis Fœtus. *Groningæ* , 1659, *in*-12.

583. Faræsardi Tractatus de essentia infantis. *Flor.* 1568 , *in*-12.

584. L'Onanisme, par Tissot. *Lausane*, 1769 , *in*-12.

585. A Synopsis of the history and cure of venereal diseases by T. Armstrong. *London*, 1737 , *in*-8.

586. Apologie pour Duneau , contre le traité de la Mélancolie, par de la Menardiere. *in*-4.

587. Bellini Gustus Organum. *Bononiæ*, 1665 , *in*-12.

588. Swammerdami Tractatus de Respiratione Pulmonum. *Lugd. Bat.* 1667 , *in*-8.

589. Lower Tractatus de Corde, item de motu & colore Sanguinis. *Amst.* 1669 , *in*-8.

590. Frommanni Tractatus singularis de Hæmorrhoidibus. *Norimbergæ* , 1677, *in*-12.

591. Parichelli Chiroliturgia de varia manus administratione. *Coloniæ*, 1673 , *in*-8.

592. Cours d'Opérations de Chrirurgie, par Dionis. *Paris*, 1707 , *in*-8.

593. A ctitical Enquiry into the present state of Surgery ; by Sam. Sharp. *London*, 1754 , *in*-8.

594. Riolani Opuscula Anatomica. *Parisiis* , 1652 , 2 *vol. in*-12.

595. Bartholini Anatome *Lugd. Bat.* 1686 , *in*-8.

596. Malpighii Fracassati Epistolæ Anatomicæ. *Amst.* 1669, *in*-12.

597. L'Anatomie du Corps Humain, par Diemerbroeek, trad. par J. Prost. *Lyon*, 1695 , 2 *vol. in*-4.

598. Verheyen Anatomia Corporis humani. *Brux.* 1710, 2 *vol. in-4.*

599. Anatomie raisonnée, par Tauvry. *Paris*, 1698, *in-12.*

6co. Anatomie de l'Homme, par Dionis. *Paris*, 1691, *in-8.*

601. Willis Cerebri Anatome & Nervorum Descriptio & usus. *Amst.* 1664, *in-12.*

602. Harvæi Exercitationes Anatomicæ de Motu Cordis & Sanguinis Circulo. *Roterdami*, 1662, *in-12.*

603. Glissonii Anatomia Hepatis. *Amst.* 1665, *in-12.*

604. Blasii Anatome Medullæ spinalis & Nervorum inde provenientium. *Amst.* 1666, *in-12.*

605. Whartoni Adenographia sive Glandularum Descriptio. *Noviomagi*, 1664, *in-12.*

606. Jatria chimica exemplo Therapeiæ luis venereæ illustrata. *Lond.* 1622, *in-8.*

607. Quincii Pharmacopæia or à complete English Dispensatori. *Lond.* 1726, *in-8.*

608. Schoockii Liber de fermento & fermentatione. *Groningæ*, 1663, *in-12.*

609. Reflexions sur la Fermentation & sur la Nature du feu, par Rouviere. *Paris*, 1708, *in-12.*

610. Van-Helmont Ortus Medecinæ id est Initia Physica inaudita. *Amst.* 1652, *in.4.*

611. Amphitheatrum sapientiæ æternæ solius veræ, Christiano-Cabalisticum, Divino-magicum necnon Physico-Chymicum, Catholicum : Instructore Henr. Khunrath. *Hanoviæ*, 1609, *in-fol.*

612. Enchiridion Phisicæ restitutæ arcanum Hermeticæ Philosophiæ Opus, 1642, *in-16.*

613. In hoc Enchiridion manuale, Orationes devotæ Leonis Papæ. *Ancona*, 1649, *in-12.*

614. De secreti di Alessio Piemontese. *Ven.* 1568, 2 *vol. in-8. v. g.*

615. Secrets & merveilles de Nature, recueillis par Wecker. *Rouen*, 1663, *in-8.*

916. Gli Ornamenti delle donne per Giovanni Marinello. *Ven.* 1574, *in-8.*

617. Recueil des plus beaux secrets de Medecine. *Paris*, 1694, *in-12.*

618. Nouveau Recueil de secrets & curiosités, par le sieur d'Emery. *Amst.* 1709, 2 *vol. in-8.*

619. Caneparii Opus de atramentis. *Lond.* 1660, *in-4.*

620. Apicii Cœlii Libri de Opſoniis & condimentis ſive de arte Coquinaria, cum notis Liſter. *Amſt.* 1709, *in*-8.

621. Opera di Baſt. Scappi Cuoco ſecreto di Papa Pio Quinto. *in*-4.

622. The Compleat Houſewife. *Lond.* 1750. *in*-8.

623. Euclidis Elementa Geometrica. *Londini*, 1666, *in*-12.

624. Les Elemens d'Euclides, trad. par Mardeié. *Lyon*, 1645, *in*-8.

625. Les mêmes trad. & commentés, par Henrion. *Paris*, 1677. *in*-12.

626. Cours de Mathematiques, par F. Blondel. *Paris*, 1683, *in*-4.

627. Cours de Mathematique demontré par Herigone. *Paris*, 1644, *6 vol. in*-8.

628. Franc. Vietæ Opera Mathematica. *Lugd. Bat.* 1646. *in-fol.*

629. Diſcorſi è Demoſtrationi matematiche di Galileo Galilei Linceo. *Leid.* 1638, *in*-4.

630. Milliet de Chales Curſus Mathematicus. *Lugd.* 1690, *4 vol. in-fol.*

631. Analyſe démontrée, par Raynaud. *Paris*, 1708, *2 vol. in*-4.

462. Science du calcul, par le même. *Paris*, 1714, *in*-4.

633. Inſtituion de Géométrie, par de la Chapelle. *Paris*, 1757, *2 vol. in* 8.

634. Trattato del radio Latino iſtrumento per prendere qual ſi voglia Miſura. *Romæ*, 1586, *in*-8.

635. Coſimo Bartoli del modo di miſurare le diſtantie. *Ven.* 1564. —— Oration è diſcorſi di Maleſpini. *Fior.* 1597. —— Lettura ſopra la Concione di Marfiza à Carlo Magno. *Nap.* 1691. *in*-4.

636. Pratique de la Geométrie, ſur le papier & ſur le terrein, par le Clerc. *Paris*, 1682, *in*-12. *fig.*

637. Tables des Sinus tangentes & ſecantes, par Ulacq. *Paris*, 1690, *in*-8.

638. Comptes faits par Barrême. *Paris*, 1706, *in*-12.

639. M. Manilii Aſtronomicon Libri ex recens. Scaligeri. *Lutetiæ*, *Rob. Steph.* 1579, *in*-8

640. Chriſtiani Hugenii Koſmotheoros ſive de terris Cœleſtibus, earumque ornatu conjecturæ. *Hagæ Com.* 1699, *in*-4.

641. Opus Geomantiæ completum, ab H. de Piſis. *Lugd.* 1637, *in*-8.

642. Espositione del Tricasso sopra il Colle. *Ven.* 1531 ;
in 8.

643. Aristotelis Mecanica græce & latine & comentariis
illustrata, ab H. Monuntholio. *Parf.* 1599, *in*-4.

644. Projet d'une nouvelle Méchanique, par Varignon.
Paris, 1687, *in*-4.

645. Jac. Hermanni Phoronomia. *Amst.* 1716, *in*-4.

646. Borelli Liber de vi percussionis. *Bononiæ*, 1667, *in*-4.

647. Hugenii Horologium Oscillatorium. *Parif.* 1673,
in-fol.

648. La Science des Eaux, par le P. Jean-François J. *Rennes*,
1654, *in*-4.

649. Morhofii de Scypho vitreo per certum humanæ vocis
sonum fracto, Dissertatio. *Kilonii*, 1683, *in*-4.

650. La Méchanique du Feu, ou traité des nouvelles che-
minées. *Paris*, 1713, *in*-12.

651. Specchio di Scientia universale, di Fioravanti. *Ven.*
1583, *in*-8.

652. Miroir Universel des Arts & Sciences de Fioravanti,
traduit par Chappuis. *Paris*, 1598, *in*-8.

653. Lettres sur les Sciences & sur les Arts, les Mathéma-
ques, &c. *Paris*, 1704, *in*-12.

654. Préjugés légitimes & réfutation de l'Enciclopédie,
par Chaumeix. *Paris*, 1758, 8 *vol. in*-12.

655. Cours d'Architecture, par Daviller. *Paris*, 1710, 2 *vol.*
in-4.

656. Petri Peckii Commentarii ad rem Nauticam. *Amst.*
1668, *in*-8.

657. L'Architecture Navale. *Paris*, 1695, *in* 4.

658. Théorie de la manœuvre des Vaisseaux, par Regneau.
Paris, 1689, 2 *vol. in* 8.

659. Les Fortifications du C. Antoine de Ville. *Paris*, *in*-8.

660. Les Fortifications du M. de Pagan. *Paris*, 1669, *in*-16.

661. Stratagêmes de Frontin. *Paris*, 1664, *in*-12

662. Bulengeri Libri Duo de Pictura, *Lugduni*, 1627,
in-8.

663. Explication des Tableaux de la Galerie de Versailles &
de ses 2 Salons. *Verfailles*, 1687, *in*-4.

664. Orchefographie, & Traité en forme de dialogue, par
lequel toutes personnes peuvent facilement apprendre &
pratiquer l'honnête exercice des danses, par Toinot Ar-
beau. *Langres*, 1589, *in*-4

665. Della Obedienza del Cavallo , di Nic. Roffelmini. *Livorno* , 1764 , *in-4.*

666. Le Parfait Maréchal , par Solleyfel. *Paris* , 1718 , *in-4.*

BELLES LETTRES,

Grammaires , Dictionnaires.

667. Gafparis Scioppii Grammatica Philofophica. *Amft.* 1659 , *in-8.*

668. Andreæ Guarme Bellum Gramaticale. *Parif.* 1691 , *in-12.*

669. Comparatio Grammaticæ Hebraicæ & Aramicæ, Aut. Bertramo. 1574 , *in-4.*

670. Hebraicarum Inftitutionum Libri IV. Sancte-Pagnino Autore. *Lut. Par. R. Stephanus* , 1549 , *in-4.*

671. Sanctis Pagnini Thefaurus linguæ fanctæ. *Genevæ* , 1614 , *in-fol.*

672. Eilardi Lubini Clavis & Fundamenta linguæ Græcæ. *Amft. Elzevir* , 1651 , *in-12.*

673. Harpocrationis Lexicon gr. & lat. ex edit. Valefii *Lugd. Bat.* 1683. *in-4.*

674. Hefichii Dictionarium gr. *Aldus* , 1514. *in-fol.*

675. Lexicon græco latinum. 1607 , *in-4.*

676. Joan. Scapulæ Lexicon græco latinum. *Amft. Elzevir* , 1652 , *in-fol.*

677. Fr. Morel , Dictionariolum latino-græco-gallicum. *Rouen* , 1669 , *in-8.*

678. Nonus Marcellus de compendiofa Doctrina. *Sedani* , 1614 , *in-8.*

679. Marc. Terentii Varronis Opera. *Hen. Steph.* 1573 , *in-8.*

680. Eadem. *Ex officina Plantiniana* , 1601 , *in-8.*

681. Terentianus Maurus cum notis Brinæi. ——— St. Doletus de Imitatione Ciceroniana. *Lugd.* 1533. ——— P. Ravennatis Ars memoriæ. *Paris* , 1533 , *in-4.*

682. Donati & Guarini Grammaticæ Inftitutio. *Ven.* 1615 , *in-8.*

683. Mar. Corderii Comentarius puerorum de quotidiano Sermone & de corrupti Sermonis emendatione. *Parif.* 1541 , 2 *vol. in-8.*

684. Georgii Trapezontii Dialectica. *Parif.* 1528, *in-8.*

685. Orthographiæ Ratio, ab Aldo Manutio, Pauli F. col-
lecta *Ven. Aldus,* 1561. ———— Statera Chalcographiæ qua
bona ipfius, malaque fimul appenduntur & numerantur.
1547, *in-8.*

686. Gerardi Joan. Voffii Grammatica latina. *Amft.* 1693,
in-8.

687. Régles pour la langue latine & françoife, par Gaulier.
Paris, 1718, *in-12.*

688. F. Johan Januenfis Summa quæ Catholicon appellatur.
Lugd. 1503, *in-fol.*

989. Eadem. *Lugd.* 1510, *in-fol.*

690. Diverfa Vocabula ordine alphabetico. ———— Guidonis
de Fontenayo Sinonima. ———— Vocabularius Breviloquus.
Parif. 1516, *in-4.*

691. Florilegii Magni feu Polyantheæ Floribus noviffimis
fparfæ, Libri XX. *Gen.* 1639, *in-fol.*

692. Vocabularius Breviloquus cum arte diphthongandi. *Ar-
gentinæ,* 1504, *in-4.*

693. Neftoris Novarienfis Vocabula. 1507, *in-fol.*

694. Laurentii Amalthea Onomaftica. *Lugd.* 1664, *in-fol.*

695. Ambrofii Calepini Diction. cum addition. Lud. de la
Cerda. *Lugd.* 1681, 2 *vol. in-fol.*

696. Caroli Stephani Dictionarium, Latino-Gallicum. *Parif.*
1570, *in-fol.*

697. Novum Dictionarium Hiftoricum ac Poeticum. *Lugd.*
1575, *in-fol.*

698. Danetii Dictionarium linguæ latinæ. *Parif.* 1677, *in-8.*

699. Andreæ Reyheri Lexicon Latino-Germanicum. *Lipfiæ,*
1686, *in-fol.*

700. J. A. Comenii Janua linguarum referata. 1659, *in-16.*

701. Indiculus univerfalis. *Lyon,* 1679, *in-12.*

702. Bafilii Fabri Thefaurus eruditionis Scholafticæ. *Hagæ-
Comitum,* 1735, 2 *vol. in-fol.*

703. Principes généraux & raifonnés de la Grammaire fran-
çoife, par Reftaut. *Paris,* 1755, *in-12.*

704. Remarques fur la langue Françoife, par Vaugelas. *Paris,*
1647, *in-4.*

705. Thréfor de la langue Françoife, par Nicot. *Paris,*
1606, *in-fol.*

706. Le Dictionnaire des Halles, ou extrait du Dict. de
l'Academie Françoife. *Bruxelles,* 1696, *in-12.*

(32)

707. L'hercolano di Ben. Varchi nel qual si ragiona delle lingue, e particolar. della Toscana. *Fior.* 1570.——— Correctione d'alcune Cose del medesimo da Lud. Castelvetro. *Basileæ*, 1572, *in-4*.

708. Il medesimo. *Pad.* 1744, 2 *vol. in-8*.

709. Francesco Priscianese della lingua Romana. *Vin.* 1540, *in-4*.

710. L'Antierusca overo il paragone dell'Italiana lingua di Paolo Beni. *Padoa*, 1613, *in-4*.

711. Della lingua Toscana di Ben. Buom Mattei. *Fir.* 1643, *in-4*.

712. Della lingua Toscana di Benedetto Mattei. *Ven.* 1735. ———Della Eloquenza Italiana, da Giusto Fontanini. *Roma*, 1726. ———Nouvelle Grammaire Françoise, par Primaret. *Paris*, 172 , *in-4*.

713. Le Origini della lingua Italiana compilate dal Sre Egidio Menagio. *Paris.* 1669, *in-4*.

714. L'Arte del Puntar gli Scritti, di Lombardelli. *Siena*, 1585, *in-8*.

715. Della Ortografia Italiana. *Roma*, 1670, *in-12*.

716. Ortografia Moderna Italiana. *Milano*, 1750, *in-4*.

717. L'Art d'apprendre parfaitement la langue Italienne, par Bencirechi. *Vienne*, 1764, *in-8*.

718. Vocabolario & Grammatica da Alberto Acharisio. *Ven.* 1550, *in-4*.

719. Nomenclature, ou les noms appellatifs de toutes les choses Fr. It. par Ant. Oudin. *Paris*, 1634, *in-12*.

720. Notizia de vocaboli Ecclesiastici, di Dom. Magri. *Roma*, 1669, *in-4*.

721. Mieges best french Grammar. *London*, 1698, *in-8*.

722. The Compleat French master for ladies and gentleman, by Royer. *Lond.* 1721, *in-8*.

723. The London new Method and art of teaching children to spell and read distinctly. *London*, 1730, *in-12*.

724. A New French Grammar. *London*, 1736, *in-8*.

725. A Guide to the English tongue, by T. Dyche. *London*, 1747, *in-12*.

726 A Compendious Guide to the English language. *Amst.* 1765, *in-12*.

727. A New Dictionary of all English words, by James Manlove. *London*, 1741, *in-8*.

728.

728. The Spelling Dictionary, by T. Dyche. *London*, 1743, *in-*8.

729. An English Spelling Book, by Arthur Maron. *London*, 1765, *in-*8.

730. A New Pocket Dictionary, by T. Nugent. *London*, 1767, *in-*8.

Rhéteurs & Orateurs.

731. Aristotelis Rhetorica gr. lat. *Parif.* 1648, *in-*8.

732. Rhétorique d'Aristote trad. par Caffandre. *Paris*, 1675, *in-*12.

733. Ciceronis Rhetorica cum Commentis. —— Terentii Comœdiæ *Argentinæ*, 1476, *in-fol.*

734. Ciceronis Epiftolæ ad familiares. *Amft.* 1659, *in-*12.

735. Le Lettere familiari di M. Tullio Cicerone è d'altri autori comentate in lingua volgare Tofcana da Giov. Fabrini. *Ven.* 1582, *in-fol.*

736. Ciceronianum Lexicon græco-latinum, *Parif. Henr. Steph.* 1557, *in-*8.

737. Dionyfii Longini Commentarius de fublimitate, gr. lat. cum notis Tollii. *Ultrajecti*, 1694, *in-*4.

738. Aphtonii Sophiftæ Progymnafmata gr. lat. *Heidelbergæ*, 1597, *in-*8.

739. Eadem. *Amft.* 1665, *in-*12.

740. Il Cancelieri del Doni. *Ven. Giolito*, 1562, *in-*4.

741. Gerardi Joan. Voffii Rhetorices contractæ Libri. *Amft.* 1706, *in-*8.

742. La Rhétorique ou l'art de parler, par le P. Lamy. *Paris*, 1701, 3 *vol. in-*12.

743. La Rhétorique de l'honnête homme. *Amft.* 1699, *in-*12.

744. Herodoti Orationes, Conciones, & epiftolæ gr. lat. ed. Oleario. *Lipfiæ*, 1675, *in-*8.

745. Panegerici veteres. *Antuerpiæ*, 1599, *in-*8.

746. Joan. Veteris Orationes. 1560. —— Ad Perduellionis Admiralii caufas Refponfio 1568. —— La même en François. —— Avertiffement à la Nobleffe tant du parti du Roi, que des rebelles. —— Gabrielis Putherbei Theotimus feu de tollendis & expurgandis malis libris *Parif.* 1549. —— Dialogue fur la Cacographie Françoife, par Chriftophe de Beauchatel. *in-*8.

E

747. Panégyriques & autres Sermons, par Flechier. *Paris*, 1686, *in-4*.

Poétes Grecs & Latins.

748. Profodia Henr. Smetii. *Rott.* 1618, *in-8*.
749. La Poétique de Jules de la Mefnardiere. *Parif.* 1640, *in-4*.
750. Il Rimario del L. Girolaffeo Rufcelli. *Ven.* 1658, *in-8*.
751. Homeri Opera gr. lat. cum Scholiis. *Argentorati*, 2 *vol. in-8. mar. r.*
752. Homeri Ilias. gr. lat. *Henr. Steph. in-12*.
753. L'Iliade d'Homere, trad. en vers françois, par Hugues Salel & Amadis Jamyn. *Par. l'Angelier*, 1584, *in-12*.
754. Homeri Odyffea, gr. lat. *Amft.* 1707, *in-12*.
755. Apollonii Rhodii Argonoticorum Libri IV. gr. lat. cum notis Hoelzlini. *Lugd. Bat.* 1641, *in-8*.
756. Anacreontis Carmina gr. lat. ex recens. Baxter. *Lond.* 1710, *in-8*.
757. Le Poéfie d'Anacreonte tradotte in verfo Tofcano. *Par.* 1693, *in-8*
758. Tragediæ felectæ Æfchyli, Sophoclis, Euripidis. *Henr. Steph.* 1567, *in-16*.
759. Ariftophanis Comædiæ. gr. lat. *Lugd. Bat.* 1624, *in-12*.
760. Le Comedie del Ariftofane, tradutte per Rofitini. *Ven. Valgris*, 1545, *in-8*.
761. Nonni Paraphrafis Sancti Evangelii fecundum Joannem gr. lat. *Paris*, 1623, *in-8*.
762. Carminum Poetarum novem Liricæ Poefeos principum Fragmenta. gr. lat. *H. Stephanus*, 1566, *in-16*.
763. Vetuftiffimorum authorum Georgica, Bucolica & Gnomica gr. & lat. 1620, *in-16*.
764. Poetæ Minores Græci gr. lat. *Cantab.* 1652, *in-8*.
765. Comicorum græcorum & latinorum Sententiæ. *H. Stephanus*, 1569, *in-16*.
766. Homerici Centones, Virgiliani Centones, Nonni paraphrafis Evangelii Sancti Joannis gr. lat. *H. Steph.* 1578, *in-16*.
767. P. Terentii Comædiæ. *Lugd. Gryphius.* 1550, *in-16*.
768. Eædem. *Roterodami*, 1702, *in-12*.
769. Les mêmes, trad. par l'Abbé de Maroles. *Paris*, 1659, 2 vol. *in-8*.

770. Comedie di Terentio. 1544, *in-8.*
771. Le Medefime. *Roma*, 1612, *in-12.*
772. T. Lucretius de rerum natura. *Lugd. Gryphius*, 1542 *in-16.*
773. Lucrece, trad. par Defcoutures. *Par.* 1672, 2 *vol. in-12.*
774. Le même. *Paris*, 1708, 2 *vol. in-12.*
775. Tito Lucrezio Caro, tradotto da Alefl. Marchetti. *Amft.* 1754, 2 *vol. in-8. m. v.*
776. Catullus, Tibullus & Propertius. *Lugduni*, *Seb. Gryphius*, 1546, *in-16.*
777. P. Virgilii Maronis Opera. *Plantin*, 1604, *in-16.*
778. Eadem. *Parif. Couftelier*, 1745, 3 *vol. in-12.*
779. Les Œuvres de Virgile tranflatées en François. *Paris*, 1540, *got. in-fol. v. f.*
780. Les mêmes, trad. par de Martignac. *Paris*, 1708, 3 *vol. in-12.*
781. Les Georgiques de Virgile, par de Lille. *Paris*, 1770, *in-8.*
782. Trad. de l'Eneïde de Virgile, par de Segrais. *Lyon*, 1716, 2 *vol. in-8.*
783. L'Eneide di Virgilio, trad. da Ann. Caro. *Roma*, 1622, *in-16. m. r.*
784. Horatii Flacci Poemata. *Lugd. Gryphius*, 1535, *in-16.*
785. Eadem. *Antuerpiæ*, *Plantin*, 1564. — J. Juvenalis & A. Perfii Satyræ. *Parifiis*, *Colinæus*, 1542, *in-16. m. r.*
786. Eadem cun notis Joan. Bond. *Amft.* 1630, *in-12.*
787. Il Canzoniere d'Orazio ridotto in verfi Tofcani. *Lipfia*, 1756, *in-4.*
788. Q. Horatii Flacci Vita, ftudio Joan. Maffon. *Lugd. Bat.* 1708, *in-8.*
789. Ovidii Opera cum notis Nic. Heinfii. *Amft. Elzevirs*, 1661, 2 *vol. in-16.*
790. Ovidii Faftorum, Triftium, de Ponto Libri. *Lugd.* 1567, *in-16.*
791. Pub. Ovidii Metamorphofeon Libri. *Lugduni*, *Gryphius*, 1539, *in-8.*
792 La Métamorphofe d'Ovide figurée. *Par.* 1566, *in-16.*
793. Le Metamorfofi di Ovidio, trad. da Gio. Andrea dell'Anguillara. *Ven. Giunti*, *in fol. fig.*
794. Le Medefime. *Ven.* 1614, *in-16.* 3 *vol. m. r.*
795. Sinopfis in XV. Libros Ovidii Metamorphofeon, anno 1702. *Manufcrit, in-8. m. r.*

796. P. Ovidii Nasonis Vita , studio Masson. *Amstelod.* 1708 , *in-12.*

797. Phœdri Fabulæ. *Lugd. Bat. Plantin* , 1610 , *in-8.*

798. Eædem. *Argent.* 1664 , *in-12.*

799. C. Pedonis Albinovani Elegiæ , Cornelii Severi Aethna cum notis var. *Amst.* 1703 , 2 *vol. in-8.*

800. L'Etna de P. Cornelius Severus : les Sentences de Publius Syrus, trad. par de Serione. *Par.* 1736 , *in-12.*

801. Annæi Lucani Poemata. *Amst.* 1627 , *in-16.*

802. Silius Italicus. *Amst.* 1620 , *in-16.*

803. Statius. *Amst.* 1624 , *in-16.*

804. Martial cum commentis. *Ven.* 1495 , *in-fol.*

805. Idem. *Amst.* 1644 , *in-12.*

806. Idem. *Par.* 1754 , 2 *vol. in-12.*

806.* Florilegium Epigrammatum Martialis Gr. Lat. edidit Jos. Scaliger, cum notis Mss. de la Monnoie. *Lut, Rob. Stephanus.* 1607 , *in-8.*

807. Juvenalis & Persii Satiræ. *Lugd.* 1532 , *in-8.*

808. Eædem , cum notis Farnabii. *Amst.* 1650, *in-12. m. r.*

809. Juvenal & Perse , trad. par Tarteron. *Paris,* 1706 , *in-12.*

810. Perse Lat. Fr. trad. par le Noble. *Par.* 1704 , *in-12.*

811. Claudiani Opera. *Florentiæ* , 1519 , *in-8.*

812. Ausonii Opera. *Antuerpiæ, Plantin* , 1568 , *in-16.*

813. Aur. Prudentii Opera, cum notis Heinsii & Var. *Coloniæ,* 1701 , *in-8.*

814. Eadem, cum notis Cellarii. *Halæ,* 1703 , *in-8.*

815. Censorinus de die natali, cum notis Lindenbrogii. *Lugd. Bat.* 1642, *in-8.*

816. Autores Rei Venaticæ antiqui , cum commentariis Jani Ulitii. *Lugd. Bat. Elzevirs,* 1653 , *in-12.*

817. Recueil de Piéces de Vers, tirées des Poëtes Latins, avec des notes, par Gaullyer. *Paris* , 1722 , *in-12.*

818. Raccolta di tutti gli antichi Poeti Latini, colla loro versione nell' Italiana Favella , Lat. Ital. *Milano,* 1731 , 29 *vol. in-4. m. r.*

819 Picta Poesis. *Lugd.* 1564 , *in-16. fig.*

820. Salmonii Macrini Carmina. *Parisiis , Colinæus* 1528 , *in-8*

821 Eadem. *Parif.* 1530, *in-8.*

822. Jac. Sannazarii Opera. *Aldus* , 1535 , *in-12.*

823. Gilberti Ducherii Waltonis Epigrammata. *Lugd. Gry-phius*. 1538, *in-*8.
824. Georgii Buchanani Poemata. *Amst.* 1687, *in-*16.
825. Benedicti Lampridii & Jo. Bapt. Amalthei Carmina. *Venet.* 1550, *in* 8.
826. Josephi Silos Poemata. *in-*16.
827. Joannis Secundi Opera. *Par.* 1561, *in-*16. *mar. c.*
828. Eadem. *Lugd. Bat.* 1619, *in-*8.
829. Theod Bezæ Poemata.——— Hieronimi Angeriani Ero-topægnion. *Par.* 1582, *in-*16. *mar. citr.*
830. Philippi Galtheri Alexandreidos. *Lugd.* 1558, *in-*8.
831. Hieronimi Vidæ Poemata. *Antuerpiæ*, 1568, *in-*12.
832. Antonius de Arena. *Par.* 1574, *in-*8.
834. Idem. *Par.* 1631, *in-*12.
835. Palingenii Zodiacus vitæ. *Par.* 1579, *in-*16.
836. Nicolai Borbonii Nugæ. *Lugduni, Gryphius*, 1538, *in-*8.
837. Ejusdem Poemata. *Parisiis*, 1630, *in-*8.
838. Joan. Owen Epigrammata. *Amst. Elzevier*, 1627, *in-*16.
839. Baudii Poemata. *Lugd. Bat.* 1607, *in-*8.
840. Justi Rycquii Parcæ, *Gandavi*, 1624, *in-*8.
841. Hugenii Poemata. *Lugd. Bat.* 1644, *in-*8.
842. Heinsii Poemata. 1653, *in-*12.
843. Quilletii Callipædia, seu de pulchræ prolis habendæ ra-tione. *Par.* 1656, *in-*8.
844. Guil. Nicols Libri sex de literis inventis. *Londini*, 1711, *in-*8.
845. Poetæ rusticantis literatum Otium. *Londini*, 1713, *in-*8.
846. Carmina illustrium Poetarum Italorum. *Lutetiæ*, 1576, 2 *vol. in-*16.
847. Delitiæ Italorum Poetarum. 1608, 3 *vol. in-*16.
848. Delitiæ Poetarum Gallorum. 1609, 3 *vol. in-*16,
849. Delitiæ Poetarum Scotorum. *Amst.* 1637, *in-*16.

Poétes François.

850. Recueil de l'origine de la Langue & Poésie Françoise, rime & romans, par Cl. Fauchet. *Par.* 1581, *in-*4.
851. Le Roman de la Rose, *mss. avec miniatures*, *in-*4.
852. Le Roman de la Rose, translaté de rime en prose, par Molinet. *Par.* 1521, *in-fol.*
853. La Danse aux Aveugles. *Amst.* 1749, *in-*8.
854. Les Faits & Dicts de Maître Alain Chartier. *Par.* 1526, *in-fol.*

855. Maiftre Pierre Pathelin. ———— Le Teftament de François Villon. *in-8. m. r.*

856. Maiftre Pierre Pathelin. ———— Le Blafon des fauffes amours. Le Loyer des folles amours , avec des notes mff. de la Monnoie. *in-8.*

857. Œuvres de Villon. 1533 , *in-16.*

858. Les Menus propos de Pierre Gringoire. *in-12.*

859. Contredicts du Prince des Sots, autrement dit Songe creux. *Paris* , 1532, *in-16.*

860. Le Séjour d'honneur, par Octavien de Saint - Gelais. *in-4.*

861. Le Vergier d'honneur de l'entreprife & voyage de Naples, par le même. *in-fol. goth.*

862. Poéfies de Martial de Paris , dit d'Auvergne. *Paris* , 1724, 2 *vol. in-8.*

863. Le Jardin de plaifance & fleurs de Rhétorique. *got.*1527, *in-4.*

864. Divers rapports par de Beaulieu. *Lyon*, 1537, *in-8.m.r.*

865. Fleurs de la Poéfie Françoife. ———— Œuvres de Roger de Collerye. *Par.* 1536, *in-16.*

866. Triomphes de la noble & amoureufe Dame, par Bouchet. *Par.* 1545, *in-12.*

867. Imagination poétique en vers François. *Lyon*, 1552, *in-12. m. b. fig.*

868. Œuvres de Melin de Saint-Gelais. *Lyon*, 1574, *in-8.*

869. Œuvres de du Belláy. *Rouen*, 1592, *in-12.*

870. Œuvres d'Etienne Jodelle. *Par.* 1572, *in-12.*

871. Œuvres & Mêlanges Poétiques de Pierre le Loyer. *Par.* 1579, *in* 12.

872. Erotopegnie, ou Paffe-tems d'Amour, par le même. *Par.* 1576, *in-8.*

873. Amours de Baif. *Par.* 1572 , *in-12.*

874. Œuvres Poétiques de Joachim Blanchon. *Par.* 1583, *in-12.*

875. Œuvres de Philippe des Portes. *Par.* 1577, *in-12.*

876. Œuvres de Guil. du Buys. *Par.* 1583, *in-12.*

877. Œuvres de Ronfard. *Par.* 1609, *in-fol.*

878. Poéfies de Malherbe, avec les notes de Menage. *Par.* 1666 , *in* 8.

879. Poëme, intitulé l'Y grec Martel d'héréfie, par Denys Feret. 1614: *in-8.*

880. Les Joyeux Epigrames de la Giraudiere. *Par.* 1634, *in-12.*

881 Les Avis ou les Préfents de la demoifelle de Gournay. *Par.* 1641, *in-4.*

882. Amours d'Angélique & de Médor, en vers François, par Guillaume le Riche. *Poitiers*, 1648, *in-8.*

883. Chanfons de Gaultier Garguile. *Lond.* 1658, *in-12.*

884. Epigrames de Gombault. *Par.* 1657, *in-12.*

885. Alaric ou Rome vaincue, par Scudery. *Par.* 1657, *in-12.*

886. Poéfies du P. le Moine. *Par.* 1650, *in-4.*

887. La Ville de Paris, en vers burlefques, par Berthaud. *Par.* 1660, *in-12. v. f.*

888. Poefies nouvelles. *Par.* 1665, *in-12.*

889. Defcription de la Ville d'Amfterdam, en vers burlefques, par Pierre le Jolle. *Amft.* 1666, *in-12.*

890. Recueil de Piéces du Chevalier d'Aceilly. *Par.* 1667, *in-12.*

891. Madrigaux de la Sabliere. *Par.* 1758, *in-16.*

892. Œuvres de Boileau, avec des éclairciffements. *Amft.* 1718, 2 *vol. in-fol. fig. de Picart.*

893. Œuvres diverfes de Brebeuf. *Par.* 2 *vol. in-12.*

894. Œuvres de Roufleau. *Soleure*, 1712, *in-12.*

895. Homere travefti. *Paris* 1716, 2 *vol. in-12.*

896. Poéfies de Ducerceau. *Paris*, 1720, *in-8.*

897. Œuvres de G. 1745, 2 *vol. in-12.*

898. Œuvres de la Fargue. *Par.* 1765, 2 *vol. in-12. v. m.*

899. Œuvres d'Alexis Piron. *Par.* 1776, 7 *vol. in-8.*

900. Las Obros de P. Goudelin. *Touloufo*, 1713, *in-12.*

901. Recueil des plus belles Piéces des Poëtes Prançois. 1692, 5 *vol. in-12.*

902. Les Mufes illuftres des meilleurs Poëtes de notre temps, par Colletet. *Par.* 1658, *in-12.*

Poetes Italiens.

903. Dante col Commento di Landino. *Ven.* 1497, *in-fol.*

904. Il Medefimo con l'efpofitione di All. Velutello. *Ven.* 1544, *in-4.*

905. Il Medefimo con l'efpofitione di Bernardino Danillo. *Ven.* 1568, *in-4.*

906. Lettura di Gelli sopra lo Inferno, di Dante. *Fior.* 1562, *in*-8.

907. L'Amorofo Convivio, di Dante. *Ven.* 1531, *in*-8.

908. Il Petrarca con la fpofitione, di Giov. Andrea Gefualdo. *Ven.* 1553, *in*-4.

909. Il Petrarca. *Lione, Rouillio,* 1558, *in*-16.

910. Il Quadriregio o Poema de quattro Regni, di Federico Frezzi. *Foligno,* 1525, 2 *vol. in*-4.

911. Sonetti e Cauzoni di Jac. Sannazaro. *Ven. Giolito,* 1543, *in* 8.

912. Arcadia di Sannazaro. *Ven.* 1614, *in*-32.

913. Sonetti di Mattheo Franco e Luigi Pulci. ——Opere di Joan. Ariminenfe.——Opere di Verini. *Ven.* 1517, *in*-8.

914. Carcer d'Amore, trad. da Lelio de Manfredi. *Ven.* 1525, *in*-8.

915. Il Peregrino di Giac. Cavicco. 1538, *in*-8.

916. Le Peregrin traduit de l'Italien. *Par.* 1533, *in-fol.*

917. Chaos del Tri per uno. *Vinegia,* 1527, *in*-12.

918. Tutti i Triomfi, Carri, Canti Carnascialefchi. *Cofmopoli,* 1750, *in*-8.

919. Rime di Pietro Bembo. *Ven. Giolito,* 1564, *in*-12.

920. Rime e Profe di Giovanni della Cafa. *Fior.* 1602, *in*-8.

921. Offervationi intorno alle rime del Bembo, e del Cafa. *Napoli,* 1618, *in*-8.

922. Orlando furiofo di Lud. Ariofto. *Lione, Rovillio,* 1556, 2 *vol. in*-16. *m. r.*

923. Difcorfo fopra il principio di tutti i Canti d'Orlando furiofo. *Vin.* 1560, *in*-8.

924. Satire e Rime di Lod. Ariofto. *Lond.* 1716. *in*-12.

925. Rime de la diva Victoria Colonna. *Ven.* 1540, *in*-8.

926. Stanze di Ang. Politiano. *Aldus,* 1541, *in*-8.

927. Opere di Agnolo Firenzuola. *Fior. Giunta,* 1548, *in*-8.

928. Capitoli di Lod. Dolce, Fr. Sanfovino. 1540 *in*-8.

928.* La Sirena Marfifa e Angelica di Pietro Aretino. *Ven.* 1630, *in*-16. *m. citr.*

929. Rime di Lod. Domenichi. *Ven. Giolito,* 1544, *in*-8.

930. Madrigali di Luigi Coffola. *Ven. Giolito,* 1544, *in*-8.

931. Canzonette del Sig. Gafparo Martola. *in*-12.

932. Lo illuftre Poeta Ceco d'Afcoli con Comento. *Ven.* 1550, *in*-8.

933. I Caprici del Botaio, di Giov. Batt. Gelli. *Fiorenza,* 1551, *in*-8.

934. Scielta

934. Scielta di Concetti di Gratiano Gratiani. *Ven.* 1552, *in-8.*

935. I Sonetti di Benedetto Varchi. *Ven.* 1555, *in-8.*

936. Dell'Opere dei due Triftani. *Ven.* 1555, *in-8.*

937. L'Italia liberata da Goti, di Triffino, rivedata dall'Abbate Antonini. *Par.* 1729, 3 *vol. in-8.*

938. Dialogo della bella Creanza delle Donne. 1558, *in-8.*

939. Rime di Giacomo Zane. *Ven.* 1562, *in-8.*

940. Il Conftante di Francifco Bolognetti. —— Antidoto della gelofia da Guidieciolo. *Ven.* 1565, *in-8.*

941. Rime di Bernardo Taffo. *Ven.* 1560, *in-12.*

942. Erafto di Mar. Teluecini. *Pefano,* 1566, *in-4.*

943. La Alamanna di Fr. Oliviero. *Ven. Valgrifi,* 1567, *in-4.*

944. Rime di Annibal Caro. *Ven.* 1572, *in-4.*

945. Rime burlefche di Gio. Fr. Ferrari. *Ven.* 1570, *in-8.*

946. Le Rime del Burchiello, comentate dal Doni. *Ven.* 1566. —— Dialogo della bella Creanza delle Donne. *Ven.* 1574. —— Stanze amorofe fopra gli Horti delle Donne, e in Lode della Menta. 1574, *in-12.*

947. Concetti di Hieronimo Garimberto. *Ven.* 1579, *in-8.*

948. Rime di Francefco Copetta. *Ven.* 1580, *in-8. v. f.*

949. Rime d'Angelo di Coftanzo. *Bologna,* 1709, *in-12.*

950. La Camilletta di Gutterry. *Par.* 1586, *in-8. v. m.*

951. Rime di Domenego Lampietti. *Padoa,* 1592, *in-8.*

952. Rime di Gio. Paolo lo Mazzi. *Milano,* 1587, *in-4.*

953. Le Opere di Torquato Taffo. *Feir.* 1685, 2 *vol. in-12.*

954. Rime di Torquato Taffo. *Ferrara,* 1585, *in-12.*

955. La Gierufalemme di Torquato Taffo, figurata da Bernardo Caftelli. *Genoa,* 1617, *in-fol.*

956. La Medefima. *Ven. in-16.*

957. La Hierufalem délivrée trad. en vers François. *Par.* 1670, 2 *vol. in-16.*

957. Cinque Canti di Camillo Camilli, aggiunti al Goffredo del Torq. Taffo. *Serravalle,* 1604, *in-4.*

958. Le Sette Giornate del Mondo Creato, del S. Torquato Taffo. *Viterbo,* 1607, *in-8.*

959. La Difperatione di Giuda, di Torquato Taffo. *Crem,* 1629, *in-8.*

960. Aminta Favola Bofcareccia, di T. Taffo. *in Parigi,* 1655, *in-4.*

961. Egloghe Pifcatorie di Giul. Cef. Capaccio. *Ven.* 1598, *in-12.*

F

962. Traduction de Roland l'Amoureux, de Matt. Mar.
Boyardo. *Paris*, 1721, 2 vol. *in-12*.

963. La Circe de Gelli, trad. par du Parc. *Par.* 1572, *in-16*.

964. La Pfiche del S. Hercole Udine. *Ven.* 1601, *fig. in-8*.

965. La Prefa e il Giuditio d'Amore, per Archangelo Tu-
quazo. *Par.* 1602, *in-8*.

966. Filli di Sciro, di Bonarelli. *in Amft.* 1678, *in-16. m. r.*

967. Le Berger fidele, trad. du l'Italien de Guarini. *Paris*,
1676, *in-12*.

968. Confiderationi di Malacreta fopra il Paftor fido. *Ven.*
1610, *in-12*.

969. Il Paftor infido di Caftelli. *Lipfia*, 1696, *in-8*.

970. Raccolta d'Idille. *Ven.* 1612, *in-12*.

971. La Croce raquiftata, di Francefco Bracciolini. *Ven.*
1614, *in-12*.

972. La Guerra della Mofche e delle Formiche. *Viterbo*,
1615, *in-12*.

973. L'Adone, del Marino. *Amft. Elzevirs*, 1678, 4 vol.
in-12.

974. Difefa dell'Adone. *Ven.* 1629, 5 vol. *in-12*.

974. * La Murtoleide Fifchiate, del Cav. Marino, *Francf.*
1626, *in-12*.

975. la Lira, Rime di Marino. *Ven.* 1630, *in-12*.

976. Aquilea diftrutta, di Balmonte Cagnoli. *Ven. in-12*.

977. La Franceide di Lalli. *Mil.* 1630, *in-12*.

978. Il Tancredi, di Afc. Grandi. *in Lucca*, 1636, *in-12*.

979. Rime piacevoli, di Cef. Caporali. *Perugia*, 1642, *in-12*.

980 Il Giardino di Atlante. *Ven.* 1643, *in-fol.*

981. Le Rete di Vulcano, di Ferrante Pallavicino. *Amft.*
1601, *in-32*.

982. La Taliclea, di Ferrante Pallavicino. *in Venetia*, 1653,
in-32.

983. Il Satirico innocente. *Genova*, 1648, *in-12*.

984. La Semplicita ingannata d'Arcangela Tarabotti. *Leida*,
1654, *in-12*.

985. Opere del Conte Fulvio Tefti. *Ven. giunti*, 1656, *in-12*.

986. Dipofti del Crefcente. *Bruff.* 1656, *in-4*.

987. Panegerici in ottava rima, di Giac. Pallemonio. *Ven.*
1665, *in-16*.

688. L'Arcadia in Brenta o vera la Melanconia sbandita.
Colonia, 1674, *in-12*.

989. Mefcolanze d'Egidio Menagio. *Par.* 1678, *in-8*.

990. Bacco in Tofcana Ditirambo, di Fr. Redi. *Fir.* 1685 ; *in-4.*

991. Opere di Benedetto Menzini. *Firenze,* 1731, 3 *vol. in-8.*

992. Canzoni Anacreontiche, di Girolamo Barufaldi. *Ven.* 1743, *in-4.*

993. Raccolta di Autori Tofcani, da Dionigi Atanagi. *Ven.* 1565, *in-12.*

994. Rime degli Academici Eterei. 1567, *in-4. v. m.*

995. Delle Rime Piacevoli del Berni, Cafa, Mauro, Varchi, Dolce e d'altri Autori. *Ven.* 1627, *in-12.*

996. Scielta di Stanze di diverfi Autori Tofcani, da Agoftino Ferentilli. *Ven. Giunti,* 1579, *in-16.*

997. Fiori delle Rime de Poeti illuftri, da Gir. Rufcelli. *Ven.* 1579, 1590, 2 *vol. in-12.*

998. Poeti antichi raccolti de Codici mff. della Biblioteca Vaticana, da Leone Allacci. 1661, *in-8.*

999. Rime di diverfi antichi Autori Tofcani. *Ven.* 1740, *in-8.*

1000. Scelta di Poefie Italiane raccolte da Paolo Baglioni. *Ven.* 1686. *in-8.*

1001. Rime de piu illuftri Poeti Italiani, fcelte dall'Abhate Antonini. *Par.* 1731, *in-8.*

1002. Forty Select Poems on feveral occafions. *London,* 1769, *in-8.*

Myfteres, Théâtres.

1003. Drammatura di Leone Allacci. *Roma,* 1666, *in-12.*

1004. Acolaftus de Filio prodigo, Comædia. *Coloniæ,* 1530, *in-8.*

1005. Le très-excellent & S. Myftére du vieil Teftament, par Perfonnages ; got. *Paris Real,* 1542, *in-fol.*

1006. La Vengeance de notre Seigneur, par Perfonnages, got. *Paris Verard,* 1491, *in-fol.*

1007. Les Actes des Apôtres, par Perfonnages got. *Paris Couteau,* 1537, *in-fol. mar. viol.*

1008. Comedia di Agoftino Ricchi, intitolata i tre Tiranni. 1533, *in-4.*

1009. Celeftina Tragicomedia di Califto e Melibea. 1541, *in-8.*

1010. Comedie del P. Aretino, lo Hypocrito, il Filofofo, il Marefcalco, la Cortegiana. *in Vinegia,* 1542, *in-8.*

1011. Tutte le Opere di Ruzante. *Ven.* 1598, *in-8.*

1012. Comedie di Gio. Maria Cecchi *Vin. Giolito*, 1550, *in-12.*

1013. L'Amor conſtante.*Ven.*1550.——Satire di Lod. Arioſto. *Ven.* 1558, *in-8.*

1014. Comedie di Arioſto, i Suppoſiti, la Lena, il Negro-mante. *Ven. Giolito*, 1551.—— La Cortigiana di P. Aretino. *Ven. Giolito*, 1550, *in-8.*

1015. Scolaſtica, Comedia di Lod. Arioſto. *Ven. Giolito*, 1553, *in-8.*

1016. La Sophonisbe, di Giov. Bapt. Triſſino. *in-8.*

1017. La Fiera, Comedia di Michel Agnolo Buonarotti. *Fir.* 1726, *in-fol.*

1018. Tutte le Opere di M. Giulio Camillo Delminio. *Ven.* 1580, *in-12.*

1019. Opere del Conte Guidubaldo Bonarelli. *Roma*, 1680, *in-12.*

1020. L'Aleſſandro, Comedia di (Aleſſ. Piccolomini.) *in Siena*, 1611, *in-12.*

1021. Le Zittelle Cantarine. *Genova*, 1663, *in-12.*

1022. L'Oreſte di Giov. Ruccellay. *Roma*, 1726, *in-8.*

1023. La Cérémonie di Sci. Maffei. *Ven.* 1718, *in-8.*

1024. La Tirannide debellata Drama. *Milano*, 1736, *in-12.*

1025. Poeſie drammatiche di Apoſtolo Zeno. *Ven.* 1744. 10 *vol. in-8.*

1026. Poeſie del Abbate Metaſtaſio. *Par.* 1755, 10 *vol. in-8.*

1027. Achille dans l'Iſle de Sciros, trad. de Metaſtaſio. *Paris,* 1737, *in-8. v. f.*

Mythologie Fables.

1028. Hiſtoire Poétique, par Gautruche. *Par.* 1703, *in-12.*

1029. Opuſcula Mythologica, Ethica & Phyſica. Gr. Lat. *Cantabrigiæ*, 1671, *in-8.*

1030. Apollodori Bibliotheca, Gr. & Lat. cum notis Fabri. *Salmurii*, 1661, *in-8.*

1031. Hygini Opera, ex Recenſ. Scheffeti. *Hamburgi*, 1674, *in-8.*

1032. Genealogia dei Dei Gentili, da Giov. Boccaccio. *Ven.* 1553, *in-4.*

1033. Deux Livres de Philoſophie Fabuleuſe d'Ange Firenzuola, trad. par Pierre de la Rivée. *Lyon*, 1579, *in-12. m. r.*

1034. Explication Hiſtorique des Fables, par Banier. *Paris*, 1715, 3 *vol. in*-12.

1035. Fabulæ Æſopicæ. *Lugd.* 1579, *in*-16.

1036. Æſopi, Gabriæ & Avieni Fabulæ. *Lugd.* 1605, *in*-16.

1037. Recueil des Fables d'Eſope, de Phedre & de la Fontaine, par Gaulyer. *Paris*, 1728, *in*-12.

1038. Faerni Fabulæ. *Ven.* 1659, *in*-12.

1039. Cento Favole belliſſime de più illuſtri antichi e moderni Auctori Greci e Latini. fig. da gio. Maria Verdizotti. *Ven.* 1613, *in*-8. *fig.*

Romans.

1040. Euſtathii de Iſmeniæ & Iſmenes amoribus Libri. gr. lat. *Par.* 1618, *in*-8.

1041. Gli Amori d'Iſmenio, tradotti per Lelio Caranni. *Fior.* 1550, *in*-8.

1042. Longi de caſtis Daphnidis & Chloes amoribus Libri. gr. lat. —— Partenius de Amatoriis Affectionibus. gr. lat. *in*-8.

1043. Hypnerotomachia Poliphili. *Ven. Aldus*, 1499, *in-fol.*

1044. C'eſt l'Hiſtoire du Saint-Greaal. *Paris*, 1523. *got. in-fol.*

1045. Merlin. *Paris Verard*, 1498, 3 *vol. in-fol. goth.*

1046. Lancelot du Lac. *mſſ. in-fol.*

1047. Meliadus de Leonnois. got. *Par.* 1532, *in-fol.*

1048. Chronique & Hiſtoire faite & compoſée, par Turpin, Archevêque de Rheims. *Paris*, 1527, *in-fol. got.*

1049. Galien Rethoré, got. *Paris*, 1500., *in-fol.*

1050. Hiſtoire de Theſeus de Coulogne. *Paris*, 1534, *in-fol.*

1051. Li Romans du Reuclus de Moliens. *mſſ. in*-8.

1052. Primaleone. *Vin.* 1548, *in*-8.

1053. Hiſtoire de Primaléon de Grece, traduite par François de Vernaſſal. *Paris*, 1572, 4 *vol. in*-8. *m. v.*

1054. Hiſtoire de Palmerin d'Olive, fils du Roi Florendor. *Paris*, 1573, 2 *vol. in*-8. *m. v.*

1055. Hiſtoire du Chevalier du Soleil, par François de Roſſet. *Paris*, 1643, 8 *vol. in*-8.

1056. Arnelle & Lucenda, traduit par des Eſſarts. *Paris*, 1551, *in*-16.

1057. Hiſtoire pitoyable du Prince Eraſtus. *Paris*, 1587, *in*-16,

1058. Le premier livre de l'Histoire & ancienne Chronique de Gérard d'Euphrate. *Paris*, 1549, *in-fol.*

1059. Les Bergeries de Juliette, par Ollenix du Montsacré, Nicolas de Montreux. *Paris*, 1588, 5 *vol. in-8. & in-12.*

1060. Théâtre d'Histoire & Avantures étranges de Polimantes. *Paris*, 1613, *in-fol.*

1061. Polexandre, par de Gomberville. *Paris*, 1637, 5 *vol. in-8.*

1062. Cassandre, par la Calprenede. *Paris*, 1648, 10 *vol. in-8.*

1063. Mémoires de la vie d'Henriette Sylvie de Moliere. *Amst.* 1709, *in-12.*

1064. Dom Carlos, par de Saint-Réal. *Amst.* 1673, *in-12.*

1065. Le Journal Amoureux, par Madame de Villedieu. *Paris*, 1701, *in-12.*

1066. Les Exilés, par la même. *Paris*, 1701, *in-12.*

1067. La Princesse de Monferat. 1749, *in-12.*

1068. Zadig ou la Destinée. 1748, *in-12.*

1069. Historia de li dui nobili e valorosi Cavalieri Valentino e Orsino. *in* 8.

1070. La Philena di Nicolo Franco. *Vin.* 1541, *in-8.*

1071. Innamoramento degli nobili amanti, Paris e Viena. 1543, *in-8.*

1072. Histoire d'Aurelio & Isabelle. *Lyon.* 1582, *in-16.*

1073. Il Caloandro fidele. *Ven.* 1701, *in-12.*

1074. La Eromena del Cavalier Francesco Biondi. *Bologna*, 1645, *in-12.*

1075. Il Brancaleone, di Trivultio. *Milano*, 1621, *in-12.*

1076. L'Illustre Parigina. *In Venetia*, 1687, *in-12.*

1077. Diana Enamorada, por Georg. de Montemayor. *Ven.* 1585, *in-12.*

1078. Diana Enamorada, por Gaspar Gil Polo. *Par.* 1611, *in-12.*

1079. Vida y Hechos del ingenioso Hidalgo Don Quixote de la Mancha compuesta, por Miguel de Cervantes. *En Haia*, 1744, 4 *vol. in-8. fig. m. c.*

1080. Los Trabaios de Persiles y Sigismunda, por Mig. de Cervantes. *Madrid*, 1617, *in-8.*

1081. Experiencias de Amor y Fortuna. *Barcelona*, 1633, *in-8.*

1082. The Comical History of Francion. *London*, 1727, 2 *vol. in-12.*

1083. The Devil upon crutches from the Diable boiteux ;
of le Sage. *London* , 1759 , *in-*12.
1084. The Adventures of Telemacus the fon of Uliffes.
Jena, 1726, *in-*12.
1085. The Hiftory of Tom Rigby. *London* , 1733 , *in-*8.
1086. Mogul-Tales. *Lond.* 1736 , 2 *vol. in-*12.
1087. The Hiftory of Pamela. *Lond.* 1773 , *in-*12.
1088. The Hiftory of Tom-Jones , by Henry Fielding.
Lond. 1768 , 4 *vol. in-*12.
1089. Amelia , by Henry Fielding. *Lond.* 1752 , 4 *vol.
in-*12.
1090. The Hiftory or the Adventures of Jofeph Andrews,
by Henry Fielding. *Lond.* 1768 , 2 *vol. in-*12.
1091. The Adventures of Lady Frail. *Lond.* 1751 , *in-*12.
1092. The Hiftory of Lucy Wellers. *Lond.* 1754 , 2 *vol.
in-*12.
1093. The Adventures of David fimple. *Lond.* 1764 , 2 *vol.
in-*12.
1094. The fortunate Villager , or Memoirs of Sir Andrew
Thompfon. *Dublin* , 1765 , *in-*8.
1095. The Generous Briton , or the Authentic Memoirs
of William Goldfmith. *Lond.* 1765 , *in-*8.
1096. The Picture , by Minifies. *Dublin* , 1766 , *in-*8.
1097. Memoirs of a Scoundrel. *Lond. in-*12.
1098. The Adventures of Charles Villers. *Lond.* 1766 ;
*in-*12.
1099. Matrimony. *Lond.* 1766 , 2 *vol. in-*12.
1100. The Hiftory of Sir Charles Beaufort. *Lond.* 1766 ;
*in-*12.
1101. The Adventures of Mifl Harriet Sprightly. *Lond.*
1766 , *in-*8.
1102. The Female American , or the Adventures of Eliza
Winkfield. *Lond.* 1767 , *in-*12.
1103. Memoirs of a Magdalen , or the Hiftory of Louifa
Mildmay , by Hugh Kelly. *Lond.* 1767 , *in-*8.
1104. The Adventures of Emmera , or the Fair American.
Lond. 1767. 2 *vol. in-*12.
1105. The Hiftory of Mifl Harriet Fitzroy and Mifl Emilia
Spencer. *Lond.* 1767 , *in-*12.
1106. Hiftory of Mifl Pittborough. *Lond.* 1767 , *in-*8.
1107. The Hiftory of Major Bromley and Mifl Çliffen.
Lond. 1767 , *in-*12.

1108. The Adventures of Oximel Claffic. *Lond.* 1768. *in*-12.

1109. High Life, or the Hiftory of Mifs Faulkland. *Lond.* 1768, *in*-12.

1110. The Force of nature, or the Hiftory of Charles Lord Sommers. *Lond.* 1768, *in*-8.

1111. The Vifiting Day. *Lond.* 1768, *in*-12.

1112. The Captain in Love. *Lond.* 1768, *in*-8.

1113. The Perplexed Lovers, or the Hiftory of Edward Balchen. *Lond.* 1768, *in*-8.

1114. Calliftus or the Man of Falhion and Sophronins, by Th. Mulfo. *Lond.* 1768, *in*-8.

1115. The Happy extravagant, or memoirs of Charles Clairville. *Lond.* 1768, *in*-12.

1116. The Fruitlen Repentance, or the Hiftory of Mifs Kitty le Fever. *Lond.* 1769, *in*-12.

1117. The Yonger Brother. *Lond.* 1770, *in*-12.

1118. The Hiftory of Mifs Indiana Danby. *Lond.* 1770, 2 *vol. in*-12.

1119. The Nun, or the Adventures of the Marchionen of Beauville. *Lond.*, 1771, *in*-12.

1120. Memoirs of Lady Carolina Pelham and Lady Victoria Nevil. *Lond.* 1771, 2 *vol. in*-12.

1121. Memoirs of Mrs Williams. *Lond.* 1771, *in*-12.

1122. The Life and Adventures of Commonfcure. *Lond.* 1771, *in*-8.

1123. The Hiftory of Sir William Harrington. *Lond.* 1772, 2 *vol. in*-12.

Contes , Nouvelles , Facéties.

1124. L'Afino d'oro di L. Apuleio, trad. da Pompeo Vizani. *Ven.* 1616, *in*-8. *baz.*

1125. Les Contes & Difcours d'Eutrapel, par le S. de la Heriffaie. *Rennes,* 1585, *in*-8.

1126. Il Decamerone di Giov. Boccaccio. *Amft. Elzevir,* 1665, *in*-12.

1127. Le Decameron de Boccace, trad. par le Maçon. *Paris,* 1572, *in*-16.

1128. Degli Avertimenti della lingua fopra'l Decamerone, da Lionardo Salviati. *Ven.* 1584, *in*-4.

1129.

1129. La Fiammette amoureuse de Jean Bocace. It. F.
Paris, 1585, *in-12.*

1130. Opere di F. Straparola, Vinecutio Calmeta e di
Chariteo. *Ven.* 1508, *in-8.*

1131. Notte del S. F. Straparola. *Ven.* 1584, *in-8.*

1132. L'Eremita, la Carcere, el Diporto da Nic. Granucai.
Lucca, 1569, *in-8.*

1133. Il Fuggilozio, da Tomazo Cofto. *Ven.* 1601, *in-8.*

1134. La Selva di varia Hiftoria, di Carlo Paffi *Ven.* 1608,
in-4.

1135. Novelle Amorofe di Giov. Fr. Loredano. *Ven.* 1656,
in-12.

1136. L'Arcadia in Brenta, overo la Melanconia fbandita.
Bol. 1673, *in-12.*

1137. Joan. Barclaii Argenis cum clave. *Amft. El*z*evir*,
1630, *in-16 m. r.*

1138. Scelta di Facetie, Buffonerie, Motti e Burle cavate
da diverfi Autori. *Verona*, 1586, *in-8.*

1139. La Zucca del Doni. *Venetia*, 1551, *in-8.*

1140. I Mondi del Doni. *Ven.* 1552, *in* 4.

1141. Le Monde à l'Empirée, par Pierre Piret. *Geneve*, 1579,
in-8.

1142. Le Grand Miroir du monde, par Jof. Duchene fieur
de la Violette. *Lyon*, 1587. ——— Les Controverfes du
fexe mafculin & feminin, got. 1533. *in-fol.*

1143. Le Grand Empire de l'un & de l'autre monde divifé
en trois royaumes, le royanme des Aveugles, des Borgnes
& des Clairvoyans, par de la Pierre. *Paris*, 1630, *in-8.*

1144. L'Hoggidi overo il Mondo non peggiore ne piu cala-
mitofo del paffato, di Secondo Lancelotti. *Ven.* 1630,
in-8.

1145. Brand Stultifera Navis mortalium got. 1497, *in-4.*

1146. La Grand Nef des Fols. 1529, got. *in-4.*

1147. La Nef de Santé & condamnation des banquets.
Paris, 1518, *in-5.*

1148. Dubbi Naturali con le folutioni raccolti, da Barto-
lomeo Pafchetti. *Genova*, 1581, *in-12.*

1149. Sidrach, le grand Philofophe, fontaine de toutes
fciences, contenant 84 demandes & leurs folutions. *Par.*
in-4.

1150. Le Palais des curieux, par Beroalde. de Verville.
Paris, 1612, *in-12.*

G

1151. La sage Folie Fontaine d'Allegresse , par Gazon. *Rouen* , 1635 , *in·* 12.

1152. Della Famosissima Compagnia della Lesina. 1600 , *in*-8.

1153. La Contra Lesina. *Ven.* 1604 , *in*-8.

1154. Giuoco d'Ascanio Pipino de Mori da Cena. *Mantoua* , 1575 , *in*-8.

1155. Cento Giuochi liberali e d'Ingegno , da Innocentio Ringhieri. *Bol.* 1551 , *in*-4.

1156. Detti e Fatti piacevoli e gravi , di Guicciardini. *Ven.* 1569 , *in*-8.

1157. Diporto de Viandanti, da Christ. Zabata. *Trevigi*, 1600, *in*-8. *cuir de R.*

1158. Il Mercurio Postiglione *Villafranca* , 1667 , *in*-12.

1159. Pulicis Encomium. ——— Elisii Calentii Batracomyomachia. ——— Les recherches des monnoies , poids & maniere de nombrer , par Garrault. *in*-8.

1160. Reflections sur les grands hommes qui sont morts en plaisantant. *Amst.* 1712 , *in*-12.

Critiques Poligraphes Epistolaires.

1161. Macrobius. *Lugd.* 1585 , *in*-16.

1162. Joannis Clerici Ars Critica. *Amst.* 1699 , 3 *vol.* *in*-8.

1163. Reflections sur les regles & sur l'usage de la critique , par Honoré de Sainte-Marie. *Paris* , 1713 , *in*-4.

1164. Joh. Burch. Menckenii Declamationes de Charlaaneria Eruditotum. *Amst.* 1716. *in*-8.

1165. La Carte de la Cour , par Gueret. *Paris* , 1668 , *in*-12.

1166. L. Apuleii Apologia cum notis J. Pricæi. *Paris* , 1635. *in*-4.

1167. T. Petronii Satyricon cum Notis Var. *Lugd.* 1615 , *in*-12.

1168. Hercules tuam fidem, Satira Menippea de vita, origine & moribus Scioppii. *Lugd. Bat.* 1608 , *in*-12.

1169. Elegantiores præstantium virorum Satiræ. *Lugd. Bat.* 1655. 2 *vol. in*-12.

1170. Polieni Rhodiensis Satira. 1617. *in*-12.

1171. Euphormionis Lunifini , five Joan. Barclaii Satiricon. *Amft.* 1629 , *in-16.*

1172. Le Satire di Ben. Menzini. *Leyda* , 1759 , *in-4.*

1173. Satire di And. Bergamo. *in-8.*

1174. Satire di Salvator Rofa. *Amft. in-12.*

1175. Satire del Dotti. *Gin.* 1757, *in-12.*

1176. Pafquino in Eftafi. *in-8.*

1177. Pafquin Reffucité. *Ville Franche ,* 1670. *in-12.*

1178. Proceffus Luciferi contra Jefum coram Judice Salomone. got. *in-fol.*

1179. La Difpute d'une Ane contre frere Anfelme. *Pampelune* , 1606 , *in-16.*

1180. Laus Afini. *Lugd. Bat. Elzevir* , 1629 , *in 32.*

1181. Della Nobilta dell'Afino , da Griffagno. *in-4.*

1182. La Magnifique Doxologie du Feftu , par Seb. Rouilliard , *Paris* , *in-8.*

1183. Labyrinto d'Amore , da Giov. Boccaccio. *Ven.* 1611 , *in-12.*

1184. Le Pourquoi d'Amour , le Blafon de Cupido. 1538 , *in-16. fig. m. v.*

1185. Dialoghi di Amore compofti , per Leone Hebreo. *Ven. Aldo* , 1552 , *in. 8.*

1186. Philofophie d'Amour de M. Leon Hebreu , trad. par Duparc. *Lyon.* 1595 , 2 *vol. in-16.*

1187. Marfilio Ficino fopra lo amore. *Fir.* 1544. *in-8.*

1188. Gli Afolani , di P. Bembo. *vin. Giolito* , 1560 , *in-12.*

1189. Les Azolains de Bembo , de la nature d'Amour , trad. par Martin. *Parif.* 1572 , *in-16.*

1190. Ragionamento di M. Paolo Giovio fopra i motti e difegni d'Arme e d'Amore. *ven.* 1556 , *in-12.*

1191. Il Sentimento Amorofo , di Luigi Croto. *Ven.* 1576 , *in-1.*

1192. Mario Equicola di Natura d'Amore. *Ven.* 1583 , *in-12.*

1193. Le même trad. par Chappuis. *Par.* 1589 , *in-12.*

1194. Della Filofofia di Amore , di Gentile Riccio. *Ven.* 1618 , *in 8. p. b.*

1195. Anatomia d'Amore profano , da Matteo Palma. *Ven.* 1628 , *in-8.*

1196. L'Antidote d'Amour , par Jean Aubery. *Delff.* 1663 , *in-12.*

1197. Notable Discours, touchant la vraie & parfaite Amitié.
Lyon, 1577, in-16.

1198. Il Libro della Bella Donna, da Frederico Luigini da
Udine. Ven. 1554, in 8.

1199. Opere di Domenico Bruni intirolata Difese delle
Donne. Milano. 1559, in-8.

1200. De l'excellence des Hommes contre l'égalité du Sexe.
Par. 1665, in-12.

1201. Disputatio qua anonimus probare nititur mulieres ho-
mines non esse. Hagæ Comitis, 1638, in-12.

1202. Michaelis Apostostoli Proverbia, Gr. Lat. Lugd. Bat.
1619, in 4.

1203. Adagia Erasmi. Par. 1519, in fol.

1204. Mensa Philosophica, vel Simposiacæ Quæstiones. 1623,
in-12.

1205. Francofordiense Emporium : 1574, in-8.

1206. Sorberiana. Amst. 1696, iu-12.

1207. Carpenteriana. Amst. 1741, in-12.

1208. Opere di M. Giov. Boccaccio. Fir. 1723, 5 vol. in-8.

1209. Opere di Aretino. Ven. 1535, in-12.

1210. Opere di Baldassare Olimpo. Ven. 1539, 3 vol. in-8.
mar. r.

1211. Opere di Ser. Aquilano. Ven. 1526, in-12.

1212. Tutte le Opere di Nicolo Machiavelli. 1550, 2 vol.
in-4.

1213. Fracastorii Opera. Genevæ, 1622, in-8.

1214. Opuscoli di Scipione Ammirato. Fior. 1640, 3 vol.
in-4.

1215. Opere Scelte di Ferrante Pallavicino. Villa Franca,
1666, in-12.

1216. Harduini Opera Selecta. Amst. 1709, iu-fol.

1217. Swift's Works. London, 1751, 14 vol. in-8.

1218. Le Conte du Tonneau, trad. de Jon. Swift. Lausanne,
1742, 3 vol. in-12. v, f.

1219. Œuvres du Philosophe de Sans-Soucy. 1750, 3 vol.
in-8.

1220. J. Gruteri Florilegium. Argentorati, 1690, 2 vol. in-8.

1221. La Silva curiosa, de Julian de Medrano. Par. 1608,
in-8. v. m.

1222. Bizarrie Academiche, di Loredano. Ven. 1684, in-12.

1223. Comparaisons des grands Hommes, par Rapin. Par.
1684, in-4.

1224. Paralléle des Anciens & des Modernes, par Perrault. *Amst.* 1693, 3 *vol. in-*12.

1225. Dell'Huomo di Lettere, di Bartoli. *Rom.* 1650, *in-*12.

1226. Pensées sur la Comete, par Bayle. *Rott.* 1721, 4 *vol. in-*12.

1227. Traité du bel Esprit. *Par.* 1695, *in-*12.

1228. L'Art de ne point s'ennuyer, par Deslandes. *Par.* 1715, *in-*12.

1229. Vigelli Speculum Stultorum. *Wolferbity*, 1662, *in-*8.

1230. Decas Fabularum humani generis sortem, &c. adumbrantium. *Argentorati*, 1609, *in-*4.

1231. Typus mundi. *Anv.* 1627, *in-*16. *fig*

1232. Alciati Emblemata 1602, *in-*8.

1233. Hecatongraphie, c. à d. Les Descriptions de 100 figures & Histoires. *Par.* 1543, *in-*8.

1234. Dialoghi di Luciano. *Ven.* 1525, *in-*12.

1235. Erasmi Colloquia. *Amst. Elzev.* 1662, *in-*8.

1236. Dialogues de Jacques Tahureau, *Lyon*, 1602. —— Sonnets & Mignardises. 1603, *in* 16.

1237. Dialoghi di M. Lodovico Domenichi. *Ven.* 1562, *in-*8.

1238. Dialoghi Piacevoli di Nicolo Franco. *Venetia*, 1541, *in-*8.

1239. Le Bravure del Capitano Spavento, di Fr. Andreini. *Ven.* 1607, *in-*4.

1240 Diporti notturni Dialoghi, del Cap. Franc. Ferreti. *Ancona*, 1580, *in-*8.

1241. Dialogues de Pictorius, trad. par de la Rochefoucault. *Paris*, 1557, *in-*8.

1242. Lucidayre. *Lyon*, 1506, *got. in-*4.

1243. Les Entretiens d'Ariste & d'Eugene, par Bouhours. *Par.* 1673, *in-*12.

1244. Cinq Dialogues, par Oratius Tubero. *Francfort*, 1716, 2 *vol. in-*12.

1245. Traité sur la maniére d'écrire, par Grimaret. *Paris*, 1709, *in-*12.

1246. Alciphronis Epistolæ, Gr. Lat. cum notis Berglers. *Lipsiæ*, 1715, *in-*8.

1247. Les Epîtres de Seneque, trad. par F. de Malherbe. *Par.* 1639, *in-*12.

1248. P. de Vineis Epistolæ. *Basiliea*, 1566, *in-*8.

1249. Busbequii Epistolæ. *Brux.* 1632, *in-*4.

1250. Epiſtola Bened. Paſſaventii.——Complainte de Pierre Liſet ſur le trépas de ſon feu nez. *in-*12.
1251. Epîtres de Fr. Rabelais. *Par.* 1651, *in* 8.
1252. Lettres de Guy Patin. *La Haye,* 1707, 3 *vol. in-*12.
1253. Lettres d'Arnauld d'Andilly. *Par.* 1680, *in-*12.
1254. Lettres de Buſſy Rabutin. *Par.* 1706, 4 *vol. in-*12.
1255. Lettres de Rich. Simon. *Amſt.* 1730, 4 *vol. in-*12.
1256. Lettere di Claudio Tolomæo. *Ven.* 1565, *in-*8.
1257. Lettere amoroſe, di Girolamo Paraboſco. *Ven.* 1581, *in-*8.
1258. Lettere amoroſe raccolte da Franceſco Sanſovino. *Verona,* 1599, *in-*8.
1259. Lettere miſcellanee, del S. Vanozzi. *Ven.* 1606, 3 *vol. in-*4.
1260. Il Corriero Sualigiato. *Oranges,* 1646, *in-*12.
1261. Lettere del Card. Bentivoglio. *Liege,* 1635, *in-*8.
1262. Letters on different ſubjects. *London,* 1770, 4 *vol. in-*8.

HISTOIRE.

Géographie, Hiſtoire univerſelle.

1263. Geografia di Cl. Tolomeo. *Ven.* 1564, *in-fol.*
1264. Theatro del mondo di Ortelio. *Ven.* 1667, *in-*8.
1265. Holſtenii Annotationes in ſacram Geographiam Caroli à S. Paulo. *Romæ.* 1666, *in-*8.
1266. Varenii Geographia. *Elzevirs,* 1664, *in-*12.
1267. Baudrand Geographia. *Par.* 2 *vol. in-fol. c. m.*
1268. La Salade, got. *Par.* 1527, *in-fol.*
1269. Deſcription de l'univers, par Samſom. *Amſt.* 1700, 2 *vol. in-*4.
1270. Eléments d'Hiſtoire & de Géographie, par Buffier. *Par.* 1726, *in-*12.
1271. Scaliger de Emendatione Temporum. *Lut.* 1533, *in fol.*
1272. Muncker de Intercalatione. *Lugd. Bat* 1680, *in-*8.
1273. Diſſertations dé Souciet. *Par.* 1726, *in-*4.
1274. Pratique de la mémoire artificielle, par Buffer. *Paris,* 1705, 2 *vol. in-*12.

(55)

1275. Camerarii Meditationes Hiſtoricæ. *Francof.* 1615 ;
in-4.
1276. Juſtin, trad. *Paris*, 1698, 2 *vol. in-12.*
1277. La grande Mer des Hiſtoires. *in-fol. got.*
1278. La Mer des Hiſtoires. *Paris*, 1536, *in-fol. got.*
1279. Hiſtoire Chronologique du Monde. *mſſ. in-fol. m. r.*
1280. Hiſtorie di Paolo Giovio, trad. per Lud. Domenichi.
Ven. 1553, 2 *vol. in-8.*
1281. Hiſtoria de ſuoi tempi , di G. B. Adriani. *Ven.*
1587, *in-4.*
1282. Relazioni Univerſali , di Botero. *Ven.* 1640. *in-4.*
1283. Bollo di Vittorio Siri. *Modena* ; 1653, *in-4.*
1284. Petavii Rationarium Temporum. *Pariſ.* 1652 , 3
vol. in-12.
1285. Le même , trad. par Maucroix. *Paris* , 1683 , 2 *vol.*
in-12.
1286. Hiſtoire Univerſelle , trad. de Turſellin , par Lagneau.
Paris , 1706 , 3 *vol. in·12.*
1287. Hiſtoire du monde , par Chevreau. *La Haye* , 1698 ,
5 *vol. in-12.*
1288. Clerici Compendium Hiſtoriæ Univerſalis. *Amſtelod.*
1698 , *in-8.*
1289. Eſpion Turc. *Paris* , 1684 , 4 *vol. in-12.*
1290. Hiſtory of Europe. 1702 , *in-8.*
1291. Hiſtoire de l'Ancien & du Nouveau Teſtament , par
Crlmet. *Paris* , 1718 , 2 *vol. in-4.*
1292. La même. *Paris* , 1725 , 7 *vol. in-12.*
1293. Sulp. Severi Hiſtoria Sacra. *Lugd. Bat.* 1626 , *in-8.*
1294. Hiſtoire de l'Egliſe , trad. par Couſin. *Paris* , 1675 ,
4 *vol. in-4.*
1295. Mémoires pour ſervir à l'Hiſtoire Eccléſiaſtique , par
de Tillemont. *Paris* , 1701 , 16 *vol. in-4.*
1296. Holſtenii Collectio vet. Hiſtoriæ Eccleſiaſt. Monu-
mentorum. *Romæ* , 1662, *in-8.*
1297. Hornii Hiſtoria Eccleſiaſtica. *Francofurti* , 1704 ,
in-8.
1298. Hiſtoire de l'Egliſe , par Baſnage. *Rotterdam* , 1699 ,
2 *vol. in-fol.*
1299. Antiquitates Eccleſiæ Orientalis. *Londini* , 1682 ,
in-8.
1300. Hiſtoire de la créance & des Coutumes des Nations
du Levant , par Rich Simon. *Francfort* , 1684 , *in-12.*

1301. Autores Varii de Cruce. *Amstelod.* 1670 , 4 *vol. in-12.*

1302. Gallonius de Martyrum Cruciatibus. *Antuerpiæ*, 1668, *in-12.*

1303. Usuardi Martyrologium. *Antuerpiæ* , 1583 , *in-8.*

1304. Vite di sancti, da Ribadeneira. *Roma* , 1638 , *in-8.*

1305. Vite di Sancti , da Paolo Regio. *Nap.* 1592 , *in-4.*

1306. Vies des Saints. *Paris* , 1685 , 5 *vol. in-8.*

1307. Vies des Saints, par Baillet. *Paris* , 1703 , 4 *vol. in-fol.*

1308. Lettres critiques sur les Vies des Saints, de Baillet. *Rouen*, *in-12.*

1309. Vies des Saints. *Paris* , 1734, *in-4.*

1310. Il Leggendario della santissima Vergine. *Ven.* 1581 , *in-12.*

1311. Vie de Sainte Catherine. *in-4. got.*

1312. Molani Diarium Ecclesiasticum Medicorum. *Lov.* 1595 , *in-8.*

1313. Duval Historia Monogramma SS. Medicorum & Medicarum. *Paris.* 1643 , *in-4.*

1314. Vie de Regis. *Paris* , 1737 , *in-12.*

1315. Vie de Vialart. *Utrecht* , 1737 , *in-12.*

1316. Vie de Rancé , par de Marsollier. *Paris* , 1703 , 2 *vol. in-12.*

1317. Historia dell'Origine e translatione della S. Casa di Nazaret, da Carrocio. *Ven.* 1700 , *in-8.*

1318. Anastasii Historia de vitis Romanorum Pontificum. *Moguntiæ* , 1602 , *in-4.*

1319. Platina de Vitis Pontificum. *Amst.* 1664 , *in-12.*

1320. Platina delle Vite de Pontefici. *Ven.* 1643 , *in-4.*

1321. Panvini Pontifices Romani. *Ven.* 1557 , *in-4.*

1322. Histoire & Vie des Papes. *Lyon* , 1680 , *in-12.*

1323. Erreur populaire de la Papesse Jeanne , par Florimond de Remond. *Bourdeaux* , 1594 , *in-8.*

1324. Conclavi de Pontifici Romani. 1668 , *in-12.*

1325. Il Nepotismo di Roma. 1667 , *in-12.*

1326. Conclave nel quale fu eletto Fabio Chiggi , detto Alexandro VII. 1664 , *in-12.*

1327. Il Sindicato di Alexandro VII. 1668 , *in-8.*

1328. Il Cardinalismo. 1668 , 3 *vol. in-12.*

1329. Histoire des Cardinaux François, par Duchesne. *Par.* 1659 , *in-fol.*

1330.

1330. J. A. Bofco Floriacenfis vetus Bibliotheca. *Lugduni*, 1605, *in-8*.

1331. Quercetani Bibliotheca Cluniacenfis. *Lut*. 1614, *in-fol*.

1332. Relations de Port-Royal. *Utrecht*, 1742, 3 *vol. in-12*.

1333. Mémoires de du Foffé. *Utrecht*, 1739, *in-12*.

1334. Gémiffements de Port-Royal. 1714, *in-12*.

1235. Le Paige Bibliotheca Præmonftratenfis. *Par*. 1633, *in-fol*.

1336. Hift. des Religieux de la Compagnie de Jefus. *Soleure*, 1740, 4 *vol. in-12*.

1337. Recueil de Piéces fur l'Hiftoire de la Comp de Jefus; par Jouvenci. *Liége*, 1716, *in-12*.

1338. Cathéchifme des Jéfuites, par Pafquier. *Delft*. 1717, 2 *vol. in-12*.

1339. Sur la deftruction des Jéfuites en France, par d'A-lembert. 1765, *in-12*.

1340. Le Jéfuite Sécularifé; & Piéces pour & contre les Jéfuites. 24 *vol. in-12*.

1441. Apocalipfe de Meliton, 1677; *in* 12.

1342. Relation de l'établiffement des Filles de l'Enfance. *Touloufe*, 1689, *in-12*.

1343. Hift. des Chevaliers de Malthe; par Baudoin, aug. par de Naberat. *Paris*, 1643, *in-fol*.

1344. Mémoire fur l'Ordre de N. D. de Montcarmel. *Paris*, 1693, *in-8*.

1345. Catalogue des Chevaliers de l'Anonciade, par Fr. Capre. *Turin*, 1654, *in-fol. g. p*.

1346. Sindicat de Richer. *Avignon*, 1753, *in-8*.

1347. Boileau Hiftoria Flagellantium. *Parif*., 1700, *in-12*.

1348. Prateoli Elenchus de viris, fectis & dogmatibus Hæreticorum. *Col*. 1583, *in-4*.

1349. Ruinart Hiftoria perfécutionis Vandalicæ. *Parifiis*, 1694, *in-8*.

1350. Hift. du Calvinifme, du Papifme; par Jurieu. *Rott*. 1683, 2 *vol. in-4*.

1351. Critique de l'Hiftoire du Calvinifme, par Bayle. *Villefranche*, 1684, 4 *vol. in-12*.

1352. Hift. des Edits de pacification, par Soulier. *Paris*, 1682, *in-8*.

1353. Explication de l'Edit de Nantes, par Bernard & Soulier. *Paris*, 1683, *in-8*.

H

1354. Lubieniecii Hiſtoria reformationis Polonicæ. *Freiſ-*
tadii , 1685 , *in-8.*

1355. Hiſtoire du Fanatiſme , par Brueys. *La Haye,* 1755,
2 *vol in-12.*

1356. Hiſtoria della Sacra Inquiſitione , da Fra Paolo , 1636,
in-4.

1357. Manuel des Inquiſiteurs. 1762 , *in-12.*

Hiſtoire Ancienne , Grecque , Romaine.

1358. Hiſtoire de Moyſe. *Luxembourg* , 1699 , *in-8.*
1359. Hiſtoire des Juifs, par Baſnage. 1707 , 6 *vol. in-12.*
1360. Q. Curtio trad. da T. Porcacchi. *Ven.* 1661 , *in-12.*
1361. Titi Livii Hiſtoriarum Libri, ex recens. Clerici. *Par.*
1718 , 6 *vol. in-12.*
1362. Tite Live trad. par du Ryer. *Amſt.* 1722 , 8 *vol. in-12.*
1363. Deche di Tito Livio. *Ven.* 1511 , *in-fol.*
1364. Florus. *Pariſ.* 1539 , *in-fol.*
1365. Le même trad. par Monſieur. *Paris* , 1656 , *in-8.*
1366. Eutropius. *Lond.* 1705 , *in-12.*
1367. Velleius Paterculus trad. par Doujat. *Paris* , 1708.
in-12.
1368. C. Saluſtius. *Lut.* 1725 , *in-16.*
1379. Tacitus edente Lipſio. *Antuerpiæ* , 1668 , *in-fol.*
1370. Corn. Tacito trad. da G. Dati. *Ven.* 1607, *in-4.*
1371. Hiſtoire des Empereurs , par de Tillemont; *Paris* ,
1700 , 6 *vol. in-4.*
1372. Zoſimus gr. lat. ex ed. Cellarii. *Cizæ*, 1679 , *in-8.*
1373. Hiſtoire Romaine de Xiphilin , Zonare & Zozime,
trad. par Couſin. *Paris* , 1678 , *in-4.*
1374. Recueil des Hiſtoires Romaines. *Paris* , 1512 , *in-fol.*
1375. Hiſtoire Rom. depuis la Fondation de Rome , par de
Bellegarde. *Paris* , 1716 , 2 *vol. in-12.*
1376. Hiſtoria d'Italia di Guicciardini. *Ven.* 1574 , *in-4.*
1377. Hiſt. d'Italia di Bruſoni. *Lucca* , 1661 , *in-4.*
1378. Memorie di Matilda. *Lucca* , 1642 , *in-4.*
1379. Cronaca Veneta Sacra e profana, da Franceſco Pitteri.
Ven. 1751 , 2 *vol. in-12.*
1380. Delizie di Caſtellazzo. *Milano* , 1743 , *in-fol.*
1381. Compendio dell'Hiſtoria di Napoli , da Tom. Coſto.
Ven. 1591 , 2 *vol. in-4.*
1382. Hiſtoria di Napoli , di Giannone. *Napoli* 1723 ,
4 *vol. in-4.*

1383. Roma ricercata, da Martinelli. 1658, *in-16*.
1384. Historia Fiorentina, di Machiavelli. *Aldus*, 1546, *in-8*.

Histoire de France.

1385. Plans & profils des Principales Villes de France, par Tassin. *Paris*, 1634, 2 *vol. in-4*.
1386. Antiquité de la Nation, & de la Langue des Celtes, par Pezron. *Paris*, 1704, *in-12*.
1387. Les Illustrations de Gaule & singularités de Troyes, par le Maire. *in-fol. got.*
1388. Annales & Croniques de France, par Nicole Gilles. *Paris*, 1553., *in-fol.*
1389 Abregé Chron. de l'Histoire de France, de Mezeray, & suite par Limiers. *Amst.* 1688, 8 *vol. in-12.*
1390. Observations critiques sur Mezeray. 1700, *in-12.*
1391. Abregé de l'Histoire de France, par Daniel. *Paris*, 1724, 9 *vol. in-12.*
1392. Histoire de France, par de Chalons. *Paris*, 1720, 3 *vol. in-12.*
1393. Annales de la Monarchie Françoise, par de Limiers. *Arst.* 1724, *in fol. g. p.*
1394. Histoire des démêlés de Boniface VIII, & Philippe le Bel, par Baillet. *Paris*, 1718, *in-12.*
1395. Præclara Francorum Facinora ab anno 1200, ad annum 1311. à Montisfortis Comite recollecta. *in-8. got. m. b.*
1396. Recueil des choses mémorables advenues tant de par le Roi, que de Mr le Prince de Condé. 1568, *in-8.*
1397. Recueil des choses mémorables passées depuis le 23 Mars 1568, jusqu'à présent *Paris*, 1570, *in-8.*
1398. Histoire de ces derniers troubles. *Col* 1571, *in-8.*
1399. La Légende de l'omp Claude de Guise 1518. —— La Légende de Charles de Lorraine. *Rheims* 1576, *in 8.*
1400. De justa Henrici III. Abdicatione e Francorum Regno. *Parisiis*, 1589, *in 8.*
1401. Journal d'Henry III. *Col.* 1699, 2 *v. l. in-12.*
1402. Historia delle guerre civili di Francia, di H. Cat. Davila. *Ven.* 1642, *in-4.*
1403. Satyre Menippée. *Paris*, 1624, *in-12.*
1404. Dialogue d'entre le Maheutre & le Manant. 1594, *in-8. m. v.*

1405. Remontrance Chrétienne & très-utile, par Cayet. *Par.* 1596, *in-8.*

1406. Le Soldat François. 1605, *in-12.*

1407. J. A. Thuani Historia. *Aurelianæ*, 1630, 4 *vol. in-fol.*

1408. Nominum propriorum Thuaneæ Historiæ Index. *Genevæ*, 1634, *in 4.*

1409. Henrici IV. Epistolæ de pace Ecclesiastica constituenda. *Ultrajecti*, 1679, *in-12.*

1410. Histoire des Amours de Henry IV. *Leyde*, 1665, *in.12.*

1411. Hist. de la rebellion des Rochelois, par Baudoin. *Par.* 1629, *in-8.*

1412. Mémoires de Rocheforr. *La Haye*, 1691, *in-12.*

1413. Journal du Parlement. *Paris*, 1648, *in-4.*

1414. Recueil de piéces curieuses. 1666, *in-12.*

1415. Hist. del Ministerio, del C. Mazarino. *Col.* 1669, *in-12.*

1416. Démêlés de la Cour de France, avec celle de Rome, au sujet des Corses, par Regnier des Marais, 1707, *in-4.*

1417. Carte Geographique de la Cour, par Rabutin. *Col.* 1668, *in-12.*

1418. Apologie de Louis XIV. & de son Conseil sur la révocation de l'Edit de Nantes, par de Caveyrac. 1758, *in-8.*

1419. Histoire de Louis XIV. par H. de Limiers. *Amsterdam*, 1717, 7 *vol. in-12.*

1420. Lettres de Filtz Moritz. *Rotterdam*, 1718, *in-12.*

1421. Hist. de la Guerre contre les Anglois. *Gen.* 1769, *in-8.*

1422. Antiquités des Villes de France, par Duchesne. *Par.* 1647, *in-8.*

1423. Antiquités de la Gaule Belgique, par de Wassebourg. *Par.* 1549, *in-fol.*

1424. Hist. de la Ville de Paris, par Felibien & Lobineau. *Par.* 1725, 5 *vol. in-fol. g. p.*

1425. Antiquités & singularités de la Ville, Cité & Université de Paris. *Paris*, 1555, *in 16.*

1426. Launoii Hist. Regii Navarræ Gymnasii. *Par.* 1677, *in-4.*

1427. Hist. des Archevêques de Rouen. *Rouen*, 1667, *in-fol.*

1428. Annales d'Aquitaine, par Bouchet. *Poitiers*, 1525, *in-fol.*

1429. Annales de l'Eglise d'Aix, par Pitton. *Lyon*, 1668, *in-4.*

1430. Guesnay Annales Massilienses. *Lugd.* 1657, *in-fol.*

1431. Traité de la prefféance des Rois de France sur les Rois d'Espagne, par Bulteau. *Par.* 1674, *in-4.*

1432. Recueil des Rois de France , par du Tillet. *Par.* 1587 , *in-fol.*

1433. Traités touchant les droits du Roi, par Dupuy. *Par.* 1655 , *in-fol.*

1434. Sacre de Louis XIV. *Par.* 1720, *in-12.*

1435. Recueil des Etats de 1614, par Rapine. *Par.* 1651, *in-4,*

1436. Hist. des Chanceliers & Gardes des Sceaux , par Fr. du Chesne. *Par.* 1699 , *in-fol.*

1437. Mémoires de Miraulmont. *Par.* 1612 , *in-8.*

1438. Lettres sur les fonctions du Parlement, le droit des Pairs. 1753 , *in-12.*

1439. Traité de la Chambre des Comptes. *Par.* 1702 , *in-12.*

1440 Recueil des titres, concernant les fonctions & priviléges des Trésoriers de France, par Fournival. *Par.* 1655 , *in-fol.*

1441. Traité de la Police, par la Mare. *Par.* 1705, 5 *vol. in-fol.*

1442. Traité hist. des Monnoies de France, par le Blanc. *Amst.* 1692, *in-4.*

1443, Systême d'un nouveau Gouvernement en France , par la Jonchere. *Amst.* 1720, 2 *vol. in-12.*

Histoire d'Allemagne , Etrangére.

1444. Ludwig Scriptores rerum Episcopatus Bambergensis. *Francf.* 1718 , *in fol.*

1445. Grotii Annales & Historiæ de rebus Belgicis. *Amst.* 1657, *in-fol.*

1446. Histoire de Hollande , par de la Neuville. *Paris,* 1683 , 4 *vol. in-12.*

1447. Annales des Provinces Unies, par Basnage. *La Haye,* 1719 *in fol.*

1448. Histoire du Siége d'Ostende , par Haestens. *Leyde, Elzevirs,* 1615, *in-4. y. m.*

1449. Mémoires de la Guerre de Transilvanie. *Amst.* 1680, *in-12.*

1450. Hist. d'Espagne, par Turquet. *Par.* 1635 , 2 *vol. in-fol.*

1451. Historia de la Conquesta de Espana. *in-4.*

1452. Cronica del Cid Ruy Dias. *Bruffellas,* 1588 , *in-16.*

1453. Conquista di Granata. *Mod.* 1650, *in-4.*

1474. Hist. della disunione di Portogallo. *Amst.* 1647, *in-8.*

1455. Pol. Virgilii Historia Anglica. *Lugd. Bat.* 1649, *in-8.*

1456. Prefent State of Great Britain, by John Chamberlayne. *Lond.* 1748 , *in*-8.

1457. Wharton Hiftoria de Epifcopis & Decanis Londin. *Londini* , 1695 , *in*-8.

1458. Efchaugette de laquelle on peut voir l'état des Suédois & des Goths. *Paris* , 1655 , *in*-8.

1459. Hiftoire de Charles XII, par Voltaire. 1733 , *in*-12.

1460. Fleurs des Hiftoires d'Orient. *Lyon* , 1585 *in*-8.

1461. Hiftoria dell'Origine & Imperio de Turchi, da Sanfovino. *Ven.* 1564 , *in*-4.

1462. Voyage de Jérufalem. *Paris* , 1517 , *in fol.*

1463. Hiftoire de la Chine , trad. de Martini , par le Pelletier. *Paris* , 1692 , 2 *vol. in*-12.

1464. Novus Orbis regionum ac infularum veteribus incognitarum. *Bafileæ* , 1532 , *in-fol.*

1465. Hift. del Mondo nuovo , di Benzoni. *Ven.* 1572 , *in*-8.

1466. Conquête du Mexique. *Paris* , 1704 2 *vol. in*-12.

1467. Hiftoire Univerfelle des Voyages. *Paris* , 1707 , *in*-12.

1468. Itinerarium Benjaminis , lat. ed. l'Empereur. *Lugd. Bat. Elzevirs* , 1633 , *in*-32.

1469. Viaggi per l'Italia , Francia e Germania , di Madrizio. *Ven.* 1718 , 2 *vol. in* 8.

1470. Hiftoire des Sevarambes. *Paris* , 1677 , 2 *vol. in*-12.

Généalogies , Antiquités , Hiftoire Littéraire.

1471. Corona della Nobilta d'Italia , da P. de Crefcenzi. *Bol.* 1639 , 2 *vol. in*-4.

1472. Ferreri Arbor gentilia Sabaudiæ Domus. *Auguft. Taur.* 1702 , *in-fol.*

1473. Blazon des Armoiries des Chevaliers de la Toifon d'or , par J. B. Maurice. *La Haye* , 1667 , *in fol.*

1474. Hiftoire Généalogique de la Maifon de Courtenay , par Dubouchet. *Paris* , 1661 , *in-fol.*

1475. Généalogie de la maifon de Larbour dite de Combault , par J. d'Hozier. *Paris* , 1628 , *in*-4.

1476. L'Antiquité expliquée & repréfentée en figures avec le fuplément , par Montfaucon. *Paris* , 1719 , 1724 , 15 *vol. in-fol. g. p.*

1477. Pitifci Lexicon antiquitatum Romanarum. *Leovardiæ,* 1713, 2 *vol. in-fol.*

1478. Gallæi Differtationes de Sybilis, Sibylina Oracula. gr. lat. *Amft.* 1688, 2 *vol. in-4. fig.*

1479. Li Marmi Eruditi di Sertorio Orfato. *Padoa,* 1759, *in-4.*

1480. Spanhemii Differtationes de præftantia & ufu numif-matum. *Amft.* 1671, *in-4.*

1481. Itinerarum Antonini Augufti ed. Surita. *Coloniæ,* 1600, *in-8.*

1482. Gutherii de jure manium Liber. *Lipfiæ,* 1671, *in-12.*

1482. * Rycquius de Capitolio. *Leydæ,* 1669, *in-12.*

1483. Tomafinus de Tefferis Hofpitalitatis. *Amft.* 1670 *in-12.*

1484. Ciacconii Liber de Triclinio. *Amft.* 1689, *in-12.*

1485. Magii Liber de Tintinnabulis & de Equuleo, *Amft.* 1699. *in-12.*

1486. Kirchmanni & Aliorum Tractatus de Annulis *Lugd. Bat.* 1672, *in-12.*

1487. Solerius de Pileo. *Amft.* 1672, *in-12.*

1488. Balduini Calceus Anticus & Nigronus de Caliga veterum. *Lugd. Bat.* 1721, *in-12.*

1489. Von Hornigt Tractatus de Regali Poftarum Jure. *Viennæ,* 1649, *in-8.*

1490. Polydori Vergilii de rerum inventoribus Libri. *Amft. Elzevirs* 1671, 3 *vol. in-12.*

1491. Panciroli Commentarii rerum memorabilium. *Francof.* 1660, *in-4.*

1492. Almeloveen Inventa nov. antiqua. *Amft.* 1684, 3 *vol. in-12.*

1493. Mabillon Libri de re Diplomatica cum fupplemento. *Paris,* 1681, 1704, 2 *vol. in fol.*

1494. Struvii Introductio ad notitiam rei litterariæ. *Jenæ,* 1706, *in-8.*

1495. Bellarmini, Labbei, Oudini Libri de Scriptoribus Ecclefiafticis. *Parif.* 1658. 4 *vol. in-8.*

1496. Bibliothéque des Hiftoriens, par Dupin. *Paris,* 1707, 2 *vol. in-8.*

1497. Critique de Dupin, par Richard Simon. *Paris,* 1730, 4 *vol. in-8.*

1498. A Beughem Bibliographia Hift. Chron. Geographica & Polit. Philologica. *Amft.* 1685, 3 *vol. in-12.*

1499. Coci Cenfura quorumdam fcriptorum veterum. *Lond.* in-4.

1500. Le Long Bibliotheca Sacra. *Parif.* 1723, *in-fol.*

1501. Latini Latinii Bibliotheca Sacra & Profana. *Romæ*, 1677, *in-fol.*

1502. Joh. Groningii Bibliotheca Operum Juris Gentium & Romani. *Hamburgi*, 1701, *in-8.*

1503. Biblioteca Napoletana di Nic. Toppi, e le Addizioni di Nicodemo. *Nap.* 1678, 2 *vol. in-fol.*

1504. Della Biblioteca volante, di Cinelli. *Napoli*, 1685, *in-8.*

1505. Boileau de librorum circa res Theologicas Approbatione. *Antuerpiæ*, 1708, *in-12.*

1506. Acta Eruditorum. *Lipfiæ*, 1682, 24 *vol. in-4.*

1507. Bibliotheca antiqua publicata. *Jenæ*, 1705, *in-4.*

1508. Cypriani Catalogus Codicum mff. Bibliothecæ Gothanæ. *Lipfiæ*, 1714, *in-4.*

1509. Catalogus librorum qui in Bibliopolio Danielis Elzevirii venales extant. *Amft. Elzevier*, 1674, 2 *vol. in-12.*

1510. Catalogue de Bellanger. *Paris*, 1740, *in-8.*

1511. Bibliotheca Bigotiana. *Parifiis*, 1706, *in-12.*

1512. Catalogue de Bourret. *Paris*, 1735, *in-12.*

1513. Catalogue de Brochard, ——Verrue. 1737, *in-8.*

1514. Catalogue de Burette. *Paris*, 1748, 2 *vol. in-12.*

1515. Bibliotheca Colbertina. *Paris*, 1728, 3 *vol. in-12.*

1516. Catalogue de Rothelin. *Paris*, 1746, *in 8.*

1517. Catalogus Bibliothecæ Thuanæ. *Parif.* 1679, 2 *vol. in-8.*

Vies des Hommes Illuftres.

1518. Plutarchi Vitæ gr. lat. *Londini*, 1723, 4 *vol. in-4.*

1519. Vies des Hommes Illuftres de Plutarque, trad. par Dacier. *Paris*, 1721, 9 *vol. in-4. g. p.*

1520. Œuvres Morales de Plutarque, trad. par Amyot. *Paris*, 1582, 2 *vol. in. 8.*

1521. Diogenes Laertius de Vitis Philofophorum gr. lat. *Parif. H. Steph.* 1579, *in-8.*

1522. Idem. *Coloniæ Allobr.* 1615, *in-8.*

1523. Cornelius Nepos avec des Notes, par Gaullyer. *Paris*, 1722, *in-12.*

1524.

1524. Cigauld Opus laudabile & aureum, facta Principum, Prelatorum, Baronum Judicum, & Subditorum determinans. *got. in*-4.

1525. Tomafini Illuftrium Virorum Elogia. *Patavii*, 1630, *in*-4.

1526. Gli Elogi d'Huomini illuftri, di Paolo Giovio trad. da Lod. Domenichi. *Ven.* 1558, *in* 8.

1527. Indice degli Huomini illuftri, di Rufcelli. *Ven.* 1572, *in*-4.

1528. Theatro d'Huomini letterati, da Gir. Ghilini. *Ven.* 1647, *in*-4.

1529. Ateneo dei Litterati Milanefi, da filippo Picinelli. *Milano*, 1670, *in*-4. *v. g.*

1530. Jani Nicii Erithræi Pinacotheca. *Col.* 1645, 2 *vol. in*-12, *v. b.*

1531. Abregé de l'Hiftoire des Scavans anciens & modernes. *Paris*, 1708, *in*-12.

1532. Jurifconfultorum Vitæ, per Bern. Rutilium. *Lugd.* 1538, *in* 8.

1533. Bocace des Dames de renom. *Lyon*, 1551, *in*-8.

1534. Vite de Pittori Scultori & Architettori, da Giorgio Vafari. *Firenza*, 1568, 3 *vol. in*-4.

1535. Vita nuova di Dante, da Giov. Boccaccio. *Fir.* 1576, *in*-8.

1536. Hift. di Dom Ferdinando Cortes. *Ven.* 1560, *in*-8.

1537. Tichonis Brahei Vita auctore Gaffendo. *Paris*, 1654, *in*-4.

1538. Vie de Defcartes, par Baillet. *Paris*, 1706, *in*-12.

1539. Vita del Padre Paolo. *Leida*, 1646, *in*-12.

1540. Vie d'Arnauld & Piéces. *Cologne*, 1697, 3 *vol. in*-12.

1541. J Hofmanni Lexicon. *Lugd. Bat.* 1698, 4 *vol. in-fol.*

1542. Dictionnaire de Morery. *Paris*, 1707. 4 *vol. in-fol.*

1543. Hift. Tragiques de notre tems. *in*-12.

1544. Tréfor des Hiftoires Tragiques de Belleforeft. *Paris*, 1581, *in*-16.

Lu & approuvé, à Paris ce 5 Mars 1779,

G o g u é, Adjoint.

www.ingramcontent.com/pod-product-compliance
Ingram Content Group UK Ltd.
Pitfield, Milton Keynes, MK11 3LW, UK
UKHW021648130726
13696UKWH00004B/1472